中华人民共和国
治安管理处罚法

（实用版）

中国法制出版社
CHINA LEGAL PUBLISHING HOUSE

■实用版

编辑说明

运用法律维护权利和利益，是读者选购法律图书的主要目的。法律文本单行本提供最基本的法律依据，但单纯的法律文本中的有些概念、术语，读者不易理解；法律释义类图书有助于读者理解法律的本义，但又过于繁杂、冗长。“实用版”法律图书至今已行销多年，因其实用、易懂的优点，成为广大读者理解、掌握法律的首选工具。

“实用版系列”独具四重使用价值：

1. **专业出版**。中国法制出版社是中央级法律类图书专业出版社，是国家法律、行政法规文本的权威出版机构。

2. **法律文本规范**。法律条文利用了本社法律单行本的资源，与国家法律、行政法规正式版本完全一致，确保条文准确、权威。

3. **条文解读详致**。本书中的【理解与适用】从庞杂的相互关联的法律条文以及全国人大常委会法制工作委员会等对条文的解读中精选、提炼而来；【典型案例指引】来自最高人民法院指导案例、公报、各高级人民法院判决书等，点出适用要点，展示解决法律问题的实例。

4. **附录实用**。书末收录经提炼的法律流程图、诉讼文书、办案常用数据等内容，帮助提高处理法律纠纷的效率。

中国法制出版社

2020年6月

《中华人民共和国治安管理处罚法》理解与适用

1986年9月5日，第六届全国人大常委会第十七次会议通过了《中华人民共和国治安管理处罚条例》（以下简称《条例》），自1987年1月1日起实施以来，《条例》在维护社会治安秩序，保障公共安全，保护公民合法权益，预防和减少犯罪等方面发挥了重要作用。但是随着经济和社会的不断发展，社会治安出现了新情况、新问题，《条例》已经不能适应社会治安管理的需要。1994年5月12日，第八届全国人大常委会第七次会议对《条例》做了个别内容的修改。2005年8月28日，在全面总结《条例》实施经验以及对治安管理处罚制度进一步完善的基础上，第十届全国人民代表大会常务委员会第十七次会议通过了《中华人民共和国治安管理处罚法》。2012年10月26日第十一届全国人民代表大会常务委员会第二十九次会议决定对《中华人民共和国治安管理处罚法》作出修改，将原第60条第4项中“保外就医等监外执行中的罪犯”修改为“暂予监外执行中的罪犯”。

与《条例》相比，《治安管理处罚法》在维护社会治安秩序和公共安全、保护公民合法权益的基础上，增加了保护法人和其他组织合法权益、规范和保障公安机关及其人民警察依法履行治安管理职责的规定，赋予了公安机关更多的权限和手段。如将吊销公安机关发放的许可证和限期出境、驱逐出境新增为处罚种类，将违反治安管理行为由原来的73种增加到现在的238种，还赋予了公安机关办理治安案件必需的扣押、检查、追缴、收缴、取缔等强制措施。

违反治安管理行为是指各种扰乱社会秩序，妨害公共安全，侵犯人身权利、财产权利，妨害社会管理，尚不构成犯罪的行为。违反治安管理行为具有以下三个特征：

第一，违反治安管理行为是违反治安管理方面的行政法律、法规的违法行为。这是其区别于犯罪的一个特征。违反治安管理的行为侵犯的客体，主要是正常的社会秩序、公共安全、公民的人身权利、公私财产权利等几个方面，也即治安管理处罚法以及其他治安管理方面的法律、法规所要保护的社会关系，这与刑法规定的相应的几类犯罪行为所侵犯的客体在性质上是相同的。不同之处在于刑法规定的这几类犯罪行为，对相应的社会关系侵害的程度要严重于治安管理处罚法所规定的违反治安管理行为。第二，违反治安管理行为是违反治安管理方面的法律、法规的违法行为，并不是所有的侵犯上述几类社会关系的行为都属于违反治安管理行为，也不是所有的违反公安机关作为主管部门的法律、法规违法行为都属于违反治安管理行为。比如，违反《消费者权益保护法》等法律的违法行为，也可能会侵害他人人身权利、财产权利，但不属于违反治安管理行为。而且治安管理工作只是公安机关诸多行政管理工作的一个方面，其他如违反《道路交通安全法》《消防法》等法律的行为，虽然属于公安机关管理的事项，也会对公共安全、公民人身权利、公私财产权利造成损害，需要由公安机关给予相应的行政处罚，但并不属于违反治安管理行为。

第二，违反治安管理行为具有一定社会危害性。即侵犯了治安管理处罚法等有关治安管理的法律、法规所保护的特定的利益，是违反治安管理行为的一个本质特征。但是，违反治安管理行为的社会危害性在程度上又是有一定限度的，违反治安管理行为只是侵犯了治安管理法律、法规所保护的利益，在性质上属于一种违法行为，如其超过了这一限度，就会成为犯罪行为。

第三，违反治安管理行为具有应受治安管理处罚性。任何违法行为都要承担相应的法律后果，但不同性质的违法行为所应当承担的法律后果是不同的。民事违法行为要承担民事责任，如赔偿损失、返还原物、赔礼道歉等。刑事违法行为要承担刑事责任，如判处有期徒刑、罚金、剥夺政治权利等。而违反治安管理行为应当承担的是行政责任，具体说就是予以治安管理处罚，如警告、拘留、罚款等。如果行为情节非常轻微，不应当予以治安管理处罚，那么也就不属于违反治安管理行为。如果行为情节严重，应当予以刑罚的处罚，那就已经属于犯罪行为，而不是违反治安管理行为。

目 录

中华人民共和国治安管理处罚法

实用附录：办理治安案件参考流程图

中华人民共和国治安管理处罚法

（2005年8月28日第十届全国人民代表大会常务委员会第十七次会议通过　根据2012年10月26日第十一届全国人民代表大会常务委员会第二十九次会议《关于修改〈中华人民共和国治安管理处罚法〉的决定》修正）

第一章　总　　则

第一条　立法目的*

为维护社会治安秩序，保障公共安全，保护公民、法人和其他组织的合法权益，规范和保障公安机关及其人民警察依法履行治安管理职责，制定木法。

第二条　违反治安管理行为的性质和特征

扰乱公共秩序，妨害公共安全，侵犯人身权利、财产权利，妨害社会管理，具有社会危害性，依照《中华人民共和国刑法》的规定构成犯罪的，依法追究刑事责任；尚不够刑事处罚的，由公安机关依照本法给予治安管理处罚。

▶条文参见

《公安机关信访工作规定》第67条

第三条　处罚程序应适用的法律规范

治安管理处罚的程序，适用本法的规定；本法没有规定的，适用《中华人民共和国行政处罚法》的有关规定。

▶理解与适用

治安管理处罚是行政处罚的一种。《行政处罚法》就处罚程序有

* 条文主旨为编者所加，下同。

专门的规定。治安管理处罚除有具备自身特点的程序规定以外，在调查、决定和执行等诸多环节，与《行政处罚法》规定的程序有相同之处。本条是对治安管理处罚程序适用的衔接性规定，即在处罚程序方面，本法有规定的适用本法，本法没有规定的，适用《行政处罚法》规定的处罚程序。

▶条文参见

《行政处罚法》

第四条 适用范围

在中华人民共和国领域内发生的违反治安管理行为，除法律有特别规定的外，适用本法。

在中华人民共和国船舶和航空器内发生的违反治安管理行为，除法律有特别规定的外，适用本法。

▶理解与适用

本条规定了本法适用的空间效力范围。中华人民共和国领域内，是指我国行使国家主权的地域，包括领陆、领水和领空。凡是在我国领域内实施违反治安管理行为的，不管是中国公民还是外国公民和无国籍人，除法律有特别规定的以外，均适用本法。“除法律有特别规定的以外”主要是指两种情况：一是享有外交特权和豁免权的外国人在我国领域内，在不适用本法，应该通过外交途径解决；二是本法不适用于我国香港、澳门两个特别行政区。另外，我国的船舶和航空器，按照国际条约和国际惯例，被视为我国领土的延伸部分。在此范围内发生的违反治安管理的行为，适用本法。

第五条 基本原则

治安管理处罚必须以事实为依据，与违反治安管理行为的性质、情节以及社会危害程度相当。

实施治安管理处罚，应当公开、公正，尊重和保障人权，保护公民的人格尊严。

办理治安案件应当坚持教育与处罚相结合的原则。

▶理解与适用

[处罚适当原则]

治安管理处罚的适当性原则要求治安管理处罚必须根据存在的违法事实进行裁判，并且设定或执行的处罚也必须与违反治安管理行为的性质、情节以及社会危害程度相当，不能过重或过轻。

[保障人权原则]

尊重和保障人权是我国《宪法》确立的原则，本条规定是该原则在本法中的体现。治安管理处罚法强调公安机关及其人民警察在实施治安管理处罚时，要尊重和保障人权，保护公民的人格尊严、保障公民的人身和财产权利等。

[教育和处罚相结合的原则]

教育和处罚相结合是由治安管理处罚的性质决定的。违反治安管理的行为属于一般违法行为，并未触犯《刑法》，尚未构成犯罪。治安管理处罚是人民群众自我教育、自我约束社会生活的行为准则，也是对少数违反治安管理行为的人实施处罚、进行教育的工具。

▶条文参见

《公安机关办理行政案件程序规定》第4－5条

第六条 社会治安综合治理

各级人民政府应当加强社会治安综合治理，采取有效措施，化解社会矛盾，增进社会和谐，维护社会稳定。

▶条文参见

《全国人民代表大会常务委员会关于加强社会治安综合治理的决定》

第七条 主管和管辖

国务院公安部门负责全国的治安管理工作。县级以上地方各级人民政府公安机关负责本行政区域内的治安管理工作。

治安案件的管辖由国务院公安部门规定。

▶理解与适用

本条第1款是关于治安管理工作的主管部门的规定。根据这一规定，全国治安管理工作的主管部门是公安部。在地方，治安管理工作的主管部门是县级以上地方各级人民政府公安机关，具体包括各省、自治区、直辖市公安厅（局），各市、州公安局及其公安分局，各县（市）公安局等。

本条第2款是关于治安案件管辖问题的授权性规定，即由国务院公安部门规定，具体可参见《公安机关办理行政案件程序规定》第二章。根据该章的规定，行政案件一般由违法行为地的公安机关管辖。由违法行为人居住地公安机关管辖更为适宜的，可以由违法行为人居住地公安机关管辖，但是涉及卖淫、嫖娼，赌博、毒品的案件除外。违法行为地包括违法行为发生地和违法结果发生地。违法行为发生地，包括违法行为的实施地以及开始地、途经地、结束地等与违法行为有关的地点；违法行为有连续、持续或者继续状态的，违法行为连续、持续或者继续实施的地方都属于违法行为发生地。违法结果发生地包括违法对象被侵害地、违法所得的实际取得地、藏匿地、转移地、使用地、销售地。居住地包括户籍所在地、经常居住地。经常居住地是指公民离开户籍所在地最后连续居住一年以上的地方，但在医院住院就医的除外。几个公安机关都有权管辖的行政案件，由最初受理的公安机关管辖。必要时，可以由主要违法行为地公安机关管辖。就管辖权发生争议的，报请共同的上一级公安机关指定管辖。对于重大、复杂的案件，上级公安机关可以直接办理或指定管辖。由上级公安机关直接办理或者指定管辖的，应当书面通知被指定管辖的公安机关和其他有关的公安机关。原受理案件的公安机关自收到上级公安机关书面通知之日起不再行使管辖权，并立即将案卷材料移送被指定管辖的公安机关或者办理的上级公安机关，并及时书面通知当事人。此外，该规定还对铁路、港航、民航、森林公安机关的管辖作出了规定。

▶条文参见

《公安机关办理行政案件程序规定》第10－16条；《行政处罚法》第22－27条

第八条 民事责任

违反治安管理的行为对他人造成损害的，行为人或者其监护人应当依法承担民事责任。

▶理解与适用

治安管理处罚在法律性质上属于行政法的范畴，本条的规定是《治安管理处罚法》与民事侵权法律之间的衔接，目的是使违反治安管理行为的受害人因违反治安管理行为所遭受的损害能够及时得到民事赔偿。《治安管理处罚法》规定的众多违法行为中，很多都兼具行政违法性和民事侵权性的双重特征。本条只是一种原则性规定，关于具体民事责任的范围、承担方式等问题，都需要依照有关民事法律来确定。值得注意的是，除本法第 9 条规定的情形以外，不得以民事责任的承担替代治安管理处罚。

▶条文参见

《民法典侵权责任编》；《最高人民法院关于确定民事侵权精神损害赔偿责任若干问题的解释》

第九条 调解

对于因民间纠纷引起的打架斗殴或者损毁他人财物等违反治安管理行为，情节较轻的，公安机关可以调解处理。经公安机关调解，当事人达成协议的，不予处罚。经调解未达成协议或者达成协议后不履行的，公安机关应当依照本法的规定对违反治安管理行为人给予处罚，并告知当事人可以就民事争议依法向人民法院提起民事诉讼。

▶理解与适用

调解制度是我国法律制度的一个特色。民间纠纷是指群众之间在日常生活中发生的各种争议，如发生在家庭、邻里、同事等之间的较小争议。对情节轻微、事实清楚、因果关系明确，不涉及医疗费用、物品损失或者双方当事人对医疗费用和物品损失的赔付无争议，符合治安调解条件，双方当事人同意当场调解并当场履行的治安案件，可以当场调解，并制作调解协议书。当事人的基本情况、主要违法事实和协议内容在现场录音录像中有明确记录的，不再制作调解协议书。

▶条文参见

《公安机关执行〈中华人民共和国治安管理处罚法〉有关问题的解释》第 1 条；《公安机关治安调解工作规范》；《公安机关办理行政案件程序规定》第 178 – 186 条

▶典型案例指引

梁宝富不服治安行政处罚复议决定案（《中华人民共和国最高人民法院公报》1991 年第 3 期）

案件适用要点：在经公安机关多次调解、双方未能达成协议的情况下，须作出裁决和处理决定。不能在没有新的事实与证据的情况下，仅以民间纠纷以调解为主和违法行为人有认错悔改表现为由，对其不予处罚。

第二章　处罚的种类和适用

第十条　处罚种类

治安管理处罚的种类分为：

（一）警告；

（二）罚款；

（三）行政拘留；

（四）吊销公安机关发放的许可证。

对违反治安管理的外国人，可以附加适用限期出境或者驱逐出境。

▶理解与适用

［警告］

警告是对违反治安管理行为的一种最轻的处罚，也是行政处罚中最轻的一种处罚。警告的目的在于对违法行为人提出告诫，指出危害，使其引起警觉，不致再犯。主要适用于一些初次违反治安管理，且情节轻微、态度较好的人。必须注意，警告作为一种行政处罚，也必须遵循本法第四章关于处罚程序的规定。

[罚款]

治安罚款是公安机关在处理治安管理案件中适用比较普遍的一种处罚形式，是对违反治安管理的人限令其在一定期限内向国家交纳一定数额金钱的行政处罚。罚款不同于罚金，罚金是《刑法》规定的刑罚的一种。

[行政拘留]

行政拘留是公安机关对违反治安管理人依法在一定时间内拘禁留置于法定处所，剥夺其人身自由的一种治安行政处罚方法，也是治安管理处罚种类中最重的处罚，主要适用于违反治安管理行为情节较严重的人。行政拘留不同于刑事拘留和司法拘留。

[吊销公安机关发放的许可证]

吊销公安机关发放的许可证是本法规定的一种资格罚。必须注意的是，许可证一般由颁发许可证照的机关予以吊销。所以公安机关吊销的只能是由公安机关发放的许可证，而不能吊销由其他机关颁发的许可证照。

[限期出境和驱逐出境]

这两种附加处罚的适用对象仅限于外国人（包括无国籍人），不适用于我国公民（包括华侨）。限期出境属于责令自行离境，但负责执行的公安机关可以监督其离开。驱逐出境是强迫违反治安管理的外国人离开我国国境。《刑法》第35条规定驱逐出境为一种附加刑，但是《刑法》中的附加刑可以独立适用也可以附加适用。本法规定，限期出境和驱逐出境可附加适用，而没有规定其是否可独立适用。这是与《刑法》规定的不同之处。对外国人依法决定处以警告、罚款、行政拘留，并附加适用限期出境、驱逐出境的，应当在警告、罚款、行政拘留执行完毕后，再执行限期出境、驱逐出境。

▶条文参见

《公安机关执行〈中华人民共和国治安管理处罚法〉有关问题的解释》第2条

第十一条 查获违禁品、工具和违法所得财物的处理

办理治安案件所查获的毒品、淫秽物品等违禁品，赌具、赌资，吸食、注射毒品的用具以及直接用于实施违反治安管理行为的本人所有的工具，应当收缴，按照规定处理。

违反治安管理所得的财物，追缴退还被侵害人；没有被侵害人的，登记造册，公开拍卖或者按照国家有关规定处理，所得款项上缴国库。

▶理解与适用

对在办理行政案件中查获的下列物品应当依法收缴：(1) 毒品、淫秽物品等违禁品；(2) 赌具和赌资；(3) 吸食、注射毒品的用具；(4) 伪造、变造的公文、证件、证明文件、票证、印章等；(5) 倒卖的车船票、文艺演出票、体育比赛入场券等有价票证；(6) 主要用于实施违法行为的本人所有的工具以及直接用于实施毒品违法行为的资金；(7) 法律、法规规定可以收缴的其他非法财物。前述所列的工具，除非有证据表明属于他人合法所有，可以直接认定为违法行为人本人所有。对明显无价值的，可以不作出收缴决定，但应当在证据保全文书中注明处理情况。违法所得应当依法予以追缴或者没收。多名违法行为人共同实施违法行为，违法所得或者非法财物无法分清所有人的，作为共同违法所得或者非法财物予以处理。

收缴由县级以上公安机关决定。但是，违禁品，管制器具，吸食、注射毒品的用具以及非法财物价值在500元以下且当事人对财物价值无异议的，公安派出所可以收缴。追缴由县级以上公安机关决定。但是，追缴的财物应当退还被侵害人的，公安派出所可以追缴。

▶条文参见

《公安机关办理行政案件程序规定》第193－197条

第十二条 未成年人违法的处罚

已满十四周岁不满十八周岁的人违反治安管理的，从轻或者减轻处罚；不满十四周岁的人违反治安管理的，不予处罚，但是应当责令其监护人严加管教。

▶理解与适用

[治安法律责任年龄]

本条规定了3个年龄段的人违反治安管理行为时所应承担的不同法律责任。违反治安管理行为时已经年满18周岁的公民是完全治安法律责任能力人；违反治安管理行为时已满14周岁不满18周岁的公民，是相对治安法律责任能力人，对其应当从轻或减轻处罚；违反治安管理行为时尚未年满14周岁的公民是无治安法律责任能力人，《治安管理处罚法》规定对其不予治安处罚，同时规定加强其监护人的管教责任。

[从轻处罚与减轻处罚]

“从轻处罚”，是指在法定的处罚种类和幅度范围内，处以比依其违法的性质和情节轻重本应受处罚较轻的处罚，如法律规定对盗窃、损毁油气管道设施的，处10日以上15日以下拘留，某公安机关对某违法行为人依其违法性质和情节决定予以12天拘留，但同时考虑其有法律规定之“从轻”情节，遂予以11天拘留。“减轻处罚”是在法定的处罚种类和幅度以下给予处罚，对于“减轻处罚”，按下列规定适用：第一，法定处罚种类只有一种，在该法定处罚种类以下减轻处罚；第二，法定处罚种类只有一种，在该法定处罚种类的幅度以下无法再减轻处罚的，不予处罚；第三，规定拘留并处罚款的，在法定处罚幅度以下单独或同时减轻拘留和罚款，或者在法定处罚幅度内单处拘留；第四，规定拘留可以并处罚款的，在拘留的法定处罚幅度以下减轻处罚；在拘留的法定处罚幅度以下无法再减轻处罚的，不予处罚。

▶条文参见

《公安机关执行〈中华人民共和国治安管理处罚法〉有关问题的解释》第3条；《公安机关执行〈中华人民共和国治安管理处罚法〉有关问题的解释（二）》第3－4条；《公安机关办理行政案件程序规定》第6、157条

第十三条 精神病人违法的处罚

精神病人在不能辨认或者不能控制自己行为的时候违反治安管理的，不予处罚，但是应当责令其监护人严加看管和治疗。间歇性的精神病人在精神正常的时候违反治安管理的，应当给予处罚。

▶理解与适用

责任能力是指一个人能够辨认和控制自己的行为并能对自己的行为负责的能力。在确定责任能力时，要考虑两方面因素，一是责任年龄，二是行为人的精神状态。完全性的精神病人因为行为时完全不能辨认、不能控制自己的行为，其实施了对社会有危害的违反治安管理的行为，不追究其法律责任；然而，如果是间歇性精神病人，若行为时并非处于病态，而是能够清楚认识自己行为的性质并能控制自己的行为，则其是具有相应治安法律责任能力的人，应当承担相应的法律责任，受到处罚。

▶条文参见

《公安机关执行〈中华人民共和国治安管理处罚法〉有关问题的解释》第 3 条；《公安机关办理行政案件程序规定》第 158 条

第十四条 盲人或聋哑人违法的处罚

盲人或者又聋又哑的人违反治安管理的，可以从轻、减轻或者不予处罚。

▶理解与适用

本条在适用的时候需要注意：首先，由于盲人、既聋又哑的人本身精神是健全的，并不会因自身残疾而完全丧失分辨是非和控制行为的能力，所以当其为违反治安管理行为，给社会造成危害时，应当承担相应的法律责任。其次，这类特殊人群由于具有明显的生理缺陷，在接受教育、了解事物等方面都受到一定的限制和影响，其辨认事物和控制行为的能力可能会受到生理缺陷的影响，故可以对其从轻、减轻或不予处罚，注意这里是“可以”而非“应当”。再次，此处的“不予处罚”，主要是指盲人或者又聋又哑的人因生理原因违反治安管理的，应当不予处罚。

▶条文参见

《公安机关执行〈中华人民共和国治安管理处罚法〉有关问题的解释》第3条；《公安机关执行〈中华人民共和国治安管理处罚法〉有关问题的解释（二）》第4条

第十五条 醉酒的人违法的处罚

醉酒的人违反治安管理的，应当给予处罚。

醉酒的人在醉酒状态中，对本人有危险或者对他人的人身、财产或者公共安全有威胁的，应当对其采取保护性措施约束至酒醒。

▶理解与适用

醉酒是行为人在清醒状态时不控制自己的饮酒量，放纵自己所致，完全是个人行为导致的辨别、控制能力下降的状态。醉酒人控制自己行为的能力减弱，是因为在酒精作用下其神经系统发生了一定程度的暂时性紊乱，与精神病人的发病原理完全不同。所以醉酒的人违反《治安管理处罚法》，仍要处罚，不能从轻、减轻或免于追究其法律责任。

若醉酒的人由于酒精刺激而处于行为失控的状态，耍酒疯、胡打乱闹，极易肇事，对其本人及他人的安全都有威胁。在这种情况下，公安机关有权依法对醉酒的人加以约束，直至其恢复常态。

▶典型案例指引

王某某等与某市公安局非法限制人身自由致人死亡行政诉讼及赔偿纠纷上诉案（湖北省汉江中级人民法院行政判决书〔2000〕汉行终字第13号）

案件适用要点：醉酒的人对他人的财产有威胁的应当对其采取保护性措施约束至酒醒，这种约束不属于非法限制人身自由。

第十六条 有两种以上违法行为的处罚

有两种以上违反治安管理行为的，分别决定，合并执行。行政拘留处罚合并执行的，最长不超过二十日。

▶理解与适用

对于不同的违法行为，要分别裁决，即公安机关对违反治安管理行为人所实施的数种违反治安管理行为，应一种一种地分别进行裁决。分别裁决有利于分清违法行为的事实、明确责任，为当事人依法寻求救济提供方便。

合并执行并不表示所有的处罚种类都可以合并到一起执行，如不同种类的行政处罚无法合并执行、两个警告也无法合并执行。只有同是罚款或同是行政拘留的处罚才可以合并执行。两个以上的罚款可以将数额相加而合并执行；两个以上的拘留可以将拘留天数相加执行，当然，合并执行两个以上的拘留，其实际拘留执行天数不应当超过法定最长期限20天。

需要指出的是，分别决定的前提是违反治安管理行为人实施了不同的违法行为，如果实施的是同种行为，则不能适用分别决定的规定，则也不存在合并拘留处罚的问题。其次，根据法律作出的决定结果必须都是行政拘留，如果既有拘留，还有罚款等治安处罚，则只能分别处罚，不得合并或者折合拘留执行。最后，合并拘留的最长期限为20天，即将对违反治安管理行为人的行政拘留期限合并后的执行期限最长不得超过20天，即使简单相加已经远远超出20天。

▶条文参见

《公安机关办理行政案件程序规定》第161条

第十七条 共同违法行为的处罚

共同违反治安管理的，根据违反治安管理行为人在违反治安管理行为中所起的作用，分别处罚。

教唆、胁迫、诱骗他人违反治安管理的，按照其教唆、胁迫、诱骗的行为处罚。

▶理解与适用

[共同违反治安管理]

共同违反治安管理，是指两人或两人以上共同违反治安管理的行为。这种共同行为一般具有以下特点：主观方面，各个违反治安管理的主体都有共同实施违反治安管理行为的故意；客观方面，共同违反治安管理的主体必须共同实施违反治安管理的行为。为了同一个目的，彼此联系、积极配合、共同实施。

分别处罚，是指对共同违反治安管理行为人，根据他们在同一违反治安管理行为中的违法情节，明确应负的法律责任，分别给予不同的处罚。分别处罚是为自己行为负责原则的必然要求。对其中起主要作用的组织者、策划者和起次要作用、辅助作用的行为人应当区别对待。

[教唆、胁迫、诱骗]

教唆是指以劝说、挑拨、煽动等多种方法故意实施的唆使他人违反治安管理的行为；胁迫是指用威逼、强制的手段迫使他人违反治安管理的行为，包括暴力胁迫和非暴力胁迫；诱骗是指用引诱、欺骗的方法使他人上当受骗而实施违反治安管理行为。以上三种行为只要存在其中一种即可处罚，即按照其教唆、胁迫、诱骗的行为处罚。

第十八条　单位违法行为的处罚

单位违反治安管理的，对其直接负责的主管人员和其他直接责任人员依照本法的规定处罚。其他法律、行政法规对同一行为规定给予单位处罚的，依照其规定处罚。

▶理解与适用

单位违反治安管理是指公司、企业、事业单位、机关、团体实施了依法应当给予治安管理处罚的危害社会的行为。关于“单位”的范围，应当与《刑法》的规定相一致，即单位包括：公司、企业、事业单位、机关、团体，因为本法是与《刑法》相互衔接的一部法。单位违反治安管理是在单位意志的支配下，由单位成员实施违法行为，单位只是一个拟制人，但是其确实是一个独立的主体。关于单位违反治安管理的处罚，采取以对自然人处罚为主，对单位处罚为辅的原则（双罚制），即主要针对直接负责的主管人员和其他直接责任人员进行处罚，如果有其他法律、行政法规对同一行为规定了对单位的处罚的，则依照相关法律、行政法规的规定，即原则上对单位不予处罚，只有当法律、行政法规规定对单位给予处罚时，才对单位进行处罚。

▶条文参见

《公安部关于如何执行〈治安管理处罚法〉第十八条规定问题的批复》

第十九条 减轻处罚或不予处罚的情形

违反治安管理有下列情形之一的，减轻处罚或者不予处罚：

（一）情节特别轻微的；

（二）主动消除或者减轻违法后果，并取得被侵害人谅解的；

（三）出于他人胁迫或者诱骗的；

（四）主动投案，向公安机关如实陈述自己的违法行为的；

（五）有立功表现的。

▶理解与适用

[主动投案]

违反治安管理行为人自觉主动地向公安机关如实陈述自己的违法行为，并积极配合公安机关的查处工作，属于主动投案的行为。既包括自己积极主动向公安机关投案，也包括在亲属规劝下的投案；既包括亲自到公安机关的投案，也包括电话形式的投案。除向公安机关投案以外，行为人还可以向其所在单位、城乡基层组织或者其他有关负责人员投案。具体讲，可分为以下几类：（1）行为人系在职、在岗人员，有工作单位的，可以向所在单位投案；（2）行为人系城镇无业居民，没有工作单位的，可以向其所在的街道办事处、居委会等基层组织投案；（3）行为人系从事农业生产劳动的农民及农村个体手工业者等，可以向其所在的乡村基层组织，如乡人民政府、村民委员会等投案；（4）行为人系在校或不在校的未成年人，可以向其就读的学校或者监护人所在的单位投案；（5）行为人还可以向其他有关负责人员及某些个人投案。

[有立功表现]

有立功表现是对出现违法行为后的悔改表现的规定。立功，一般是指揭发、检举其他违法行为人的违法行为，或者提供重要线索、证据等情形。

▶条文参见

《公安机关执行〈中华人民共和国治安管理处罚法〉有关问题的解释》第3条；《公安机关执行〈中华人民共和国治安管理处罚法〉有关问题的解释（二）》第4条；《公安机关办理行政案件程序规定》第159条

第二十条 从重处罚的情形

违反治安管理有下列情形之一的，从重处罚：

（一）有较严重后果的；

（二）教唆、胁迫、诱骗他人违反治安管理的；

（三）对报案人、控告人、举报人、证人打击报复的；

（四）六个月内曾受过治安管理处罚的。

▶理解与适用

从重处罚是指公安机关在法律、法规和规章规定的处罚方式和处罚幅度内，对于违反治安管理的行为人给予较重的处罚，具体来说有两种情形：一是在几种可能的处罚方式中，选择较重的处罚方式，如对于一种违法行为可以处以警告、罚款、拘留的，选择拘留的处罚方式就是从重处罚；二是在同一种处罚方式允许的幅度内选择较高的幅度处罚，如公安机关对行为人可以"处10日以上15日以下的拘留"，决定处以14日的拘留就是从重处罚。

本条规定了四种治安管理从重处罚的情形。注意以下两种情形：有较严重的后果，主要是从违反治安管理行为所造成的间接危害的角度考虑其后果比较严重；6个月内曾受过治安管理处罚的，包括因违反治安管理而受到过警告、罚款、拘留等任何一种处罚，不论其是否属于同类处罚，是否由同一公安机关作出。

此外，关于从重处罚，《公安机关办理行政案件程序规定》第160条还规定了一种情形：刑罚执行完毕3年内，或者在缓刑期间，违反治安管理的。

▶条文参见

《公安机关办理行政案件程序规定》第160条

第二十一条 应给予行政拘留处罚而不予执行的情形

违反治安管理行为人有下列情形之一，依照本法应当给予行政拘留处罚的，不执行行政拘留处罚：

（一）已满十四周岁不满十六周岁的；

（二）已满十六周岁不满十八周岁，初次违反治安管理的；

（三）七十周岁以上的；

（四）怀孕或者哺乳自己不满一周岁婴儿的。

▶理解与适用

行为人的行为已经违反《治安管理处罚法》，而且《治安管理处罚法》对该行为规定了拘留的处罚，并且从违法行为人的违法情节、危害后果等方面考虑应当给予行政拘留处罚；只有对本条规定的4种情形下的违法主体才不适用拘留，除此之外应当执行；在本条4种情形下如对违反治安管理行为人，只规定了拘留的行政处罚，则对行为人不再追究处罚责任，如果行为人的违法行为，由法律规定了拘留之外的其他处罚，仍然要执行。此外，对这几类人不执行行政拘留，并不意味着不采取措施。根据《公安机关执行〈中华人民共和国治安管理处罚法〉有关问题的解释》第5条，被处罚人居住地公安派出所应当会同被处罚人所在单位、学校、家庭、居（村）民委员会、未成年人保护组织和有关社会团体进行帮教。

▶条文参见

《公安机关执行〈中华人民共和国治安管理处罚法〉有关问题的解释》第5条；《公安机关执行〈中华人民共和国治安管理处罚法〉有关问题的解释（二）》第5条

第二十二条 追究时效

违反治安管理行为在六个月内没有被公安机关发现的，不再处罚。

前款规定的期限，从违反治安管理行为发生之日起计算；违反治安管理行为有连续或者继续状态的，从行为终了之日起计算。

▶**理解与适用**

追究时效是指追究违反治安管理行为人法律责任的有效期限。追究违反治安管理行为人的责任，必须在本款规定的期限内，超过了规定的期限，就不能再对违反治安管理行为人追究责任。注意本条第 2 款规定的追究时效期限的起算时间因违反治安管理行为的状态不同而不同。本法与《行政处罚法》是特殊法与一般法的关系，本法有特殊规定的，适用本法而不适用《行政处罚法》的规定。

▶**条文参见**

《公安机关执行〈中华人民共和国治安管理处罚法〉有关问题的解释》第 3 条；《公安机关办理行政案件程序规定》第 154 条

▶**典型案例指引**

徐某诉上海市公安局静安分局行政不作为案（上海市第二中级人民法院行政判决书〔2008〕沪二中行终字第 159 号）

案件适用要点：追究违反治安管理行为人的责任，必须在法律规定的期限内（6 个月），如果违反治安管理行为在 6 个月内没有被公安机关发现，过了 6 个月就不再追究和处罚。所谓“被公安机关发现”，不能仅仅理解为公安机关直接发现，除了由公安机关人民警察亲眼所见，还包括间接发现，如受害人向公安机关报告、单位或者群众举报等。

第三章　违反治安管理的行为和处罚

第一节　扰乱公共秩序的行为和处罚

第二十三条　对扰乱单位、公共场所、公共交通和选举秩序行为的处罚

有下列行为之一的，处警告或者二百元以下罚款；情节较重的，处五日以上十日以下拘留，可以并处五百元以下罚款：

（一）扰乱机关、团体、企业、事业单位秩序，致使工作、生产、营业、医疗、教学、科研不能正常进行，尚未造成严重损失的；

（二）扰乱车站、港口、码头、机场、商场、公园、展览馆或者其他公共场所秩序的；

（三）扰乱公共汽车、电车、火车、船舶、航空器或者其他公共交通工具上的秩序的；

（四）非法拦截或者强登、扒乘机动车、船舶、航空器以及其他交通工具，影响交通工具正常行驶的；

（五）破坏依法进行的选举秩序的。

聚众实施前款行为的，对首要分子处十日以上十五日以下拘留，可以并处一千元以下罚款。

▶理解与适用

［扰乱单位秩序的行为］

本条第1款第1项规定了扰乱单位秩序的行为。表现为实施扰乱机关、团体、企业、事业单位秩序的行为，并造成这些单位的工作、生产、营业、医疗、教学、科研不能正常进行，尚未造成严重损失。应注意将扰乱单位秩序的行为与聚众扰乱社会秩序罪区别开来。

［扰乱公共场所秩序的行为］

第1款第2项规定了扰乱公共场所秩序的行为。本项行为侵犯的客体是公共场所的秩序，侵犯的对象是公共场所。所谓公共场所，是指具有公共性的特点，对公众开放，供不特定多数人出入、停留、使用的场所。应注意将扰乱公共场所秩序的行为与聚众扰乱公共场所秩序罪区别开来。

［扰乱公共交通工具秩序的行为］

第1款第3项规定了扰乱公共交通工具秩序的行为。此类行为侵犯的客体是公共交通工具上的秩序，而非交通管理秩序。公共交通工具是指正在运营的公共汽车、电车、火车、船舶、航空器或其他公共交通工具。应注意将扰乱公共交通工具秩序的行为与聚众扰乱交通秩序罪区别开来。

［破坏选举秩序的行为］

这里规定的选举是广义的法律规定的各类选举。依法进行的选举，主要指依照法律规定的需要，按照法律规定的程序进行的选举。

包括选举各级人民代表大会代表或者国家机关领导人，也包括农村村民委员会、城市居民委员会的选举等。破坏选举秩序的行为不要求“情节严重”，只要使得选举无法正常进行或者影响正常的选举结果即可。应将其与破坏选举秩序罪区别开来。

[聚众实施和首要分子]

聚众实施扰乱公共秩序行为，是指组织、纠集他人实施本条第1款规定的5类行为。首要分子是指，违法行为的组织者、鼓动者以及实施违法行为活动中起主要作用的人。由于聚众实施扰乱公共秩序行为会相应加重扰乱公共秩序的后果，甚至构成扰乱社会治安的群体性事件，因此本法对于实施此类行为的首要分子规定了更加严厉的处罚，拘留最高可达15日，可以并处1000元以下的罚款。

▶条文参见

《公安机关执行〈中华人民共和国治安管理处罚法〉有关问题的解释（二）》第6条；《违反公安行政管理行为的名称及其适用意见》第4－13条；《全国人民代表大会和地方各级人民代表大会选举法》；《刑法》第256、290、291条

第二十四条　对扰乱文化、体育等大型群众性活动秩序行为的处罚

有下列行为之一，扰乱文化、体育等大型群众性活动秩序的，处警告或者二百元以下罚款；情节严重的，处五日以上十日以下拘留，可以并处五百元以下罚款：

（一）强行进入场内的；

（二）违反规定，在场内燃放烟花爆竹或者其他物品的；

（三）展示侮辱性标语、条幅等物品的；

（四）围攻裁判员、运动员或者其他工作人员的；

（五）向场内投掷杂物，不听制止的；

（六）扰乱大型群众性活动秩序的其他行为。

因扰乱体育比赛秩序被处以拘留处罚的，可以同时责令其十二个月内不得进入体育场馆观看同类比赛；违反规定进入体育场馆的，强行带离现场。

▶理解与适用

大型群众性活动的举行需要有一个良好的秩序保障。大型群众性活动的主办方会设定一些条件，确定其与参与者之间的权利义务以及入场的凭证等。此外，为了保证活动的顺利进行，对于参与活动的主要参加者，如运动员、裁判员和其他工作人员，应当保证他们的人身和财产安全。因此，本条第1款规定了应当给予罚款、拘留行政处罚的扰乱大型群众性活动秩序行为的具体情形。这6项所列的行为虽然形式各异，但都会对大型群众性活动的秩序产生不良影响，干扰了活动的正常进行，甚至会导致更加严重的后果，造成人身伤害和财产损失，故应当予以禁止和处罚。第2款是针对因扰乱体育比赛秩序被处以拘留处罚的人所作的特别规定，即对其可以同时责令12个月内不得进入体育场馆观看同类比赛；违反进入者，强行带离。

▶条文参见

《违反公安行政管理行为的名称及其适用意见》第34－39条；《烟花爆竹安全管理条例》第3、5、28－35、42条

第二十五条　对扰乱公共秩序行为的处罚

有下列行为之一的，处五日以上十日以下拘留，可以并处五百元以下罚款；情节较轻的，处五日以下拘留或者五百元以下罚款：

（一）散布谣言，谎报险情、疫情、警情或者以其他方法故意扰乱公共秩序的；

（二）投放虚假的爆炸性、毒害性、放射性、腐蚀性物质或者传染病病原体等危险物质扰乱公共秩序的；

（三）扬言实施放火、爆炸、投放危险物质扰乱公共秩序的。

▶理解与适用

[散布谣言]

散布谣言，是指捏造并散布没有事实根据的谎言用以迷惑不明真相的群众，扰乱社会公共秩序的行为。

[谎报险情、疫情、警情]

谎报险情、疫情、警情，是指编造火灾、水灾、地质灾害以及

其他危险情况和传染病传播的情况以及有违法犯罪行为发生或明知是虚假的险情、疫情、警情，向有关部门报告的行为。

[投放虚假危险物质]

投放虚假的危险物质，是指明知是虚假的危险物质而以邮寄、放置等方式将虚假的类似于爆炸性、毒害性、放射性、腐蚀性物质或者传染病病原体等物质置于他人或者公众面前或者周围的行为。这种投放虚假的危险物质的行为，虽然不至于导致真正的爆炸、毒害、放射后果以及传染性疾病的传播，但是会造成一定范围内的恐慌，严重扰乱社会公共秩序。特别是在恐怖分子投放真的危险物质的情况下，这种投放虚假的危险物质的行为会使人真假难辨，危害更大，应当予以适当的处罚。

[散布恐怖信息]

散布恐怖信息的行为，是指扬言实施放火、爆炸、投放危险物质，扰乱公共秩序的行为。放火是指故意纵火焚烧公私财物，严重危害公共安全的行为；投放危险物质，是指向公共饮用水源、食品或公共场所、设施或者其他场所投放能够致人死亡或者严重危害人体健康的毒害性、放射性、传染病病原体等物质的行为。扬言实施，是指以公开表达的方式使人相信其将实施上述行为。

▶条文参见

《刑法》第291条之一；《违反公安行政管理行为的名称及其适用意见》第40－42条

第二十六条　对寻衅滋事行为的处罚

有下列行为之一的，处五日以上十日以下拘留，可以并处五百元以下罚款；情节较重的，处十日以上十五日以下拘留，可以并处一千元以下罚款：

（一）结伙斗殴的；

（二）追逐、拦截他人的；

（三）强拿硬要或者任意损毁、占用公私财物的；

（四）其他寻衅滋事行为。

▶理解与适用

寻衅滋事行为，是指在公共场所无事生非，起哄闹事，肆意挑衅，横行霸道，打群架，破坏公共秩序，尚未造成严重后果的行为。本类行为表现为行为人公然藐视国家法纪、社会公德，破坏公共场所秩序和生活中人们应当遵守的共同准则，实施寻衅滋事行为，扰乱公共秩序。寻衅滋事行为主要表现为如下几种形式：(1) 追逐、拦截他人，即出于取乐、寻求精神刺激等不健康动机，无故追赶、拦挡、侮辱、谩骂他人，以及追逐、拦截异性等。(2) 强拿硬要或者任意损毁、占用公私财物，即以蛮不讲理的流氓手段，强行索要市场、商店的商品以及他人的财物，或者随心所欲损坏、毁灭、占用公私财物。(3) 结伙斗殴的。一般是指出于私仇宿怨、争霸一方或者其他动机而以结成团伙的方式打群架。(4) 其他寻衅滋事行为，如在公共场所起哄闹事，造成公共场所秩序混乱的；行为人出于取乐、寻求精神刺激等目的在公共场所无事生非，制造事端，扰乱公共秩序的。

▶条文参见

《违反公安行政管理行为的名称及其适用意见》第43条

第二十七条 对利用封建迷信、会道门进行非法活动行为的处罚

有下列行为之一的，处十日以上十五日以下拘留，可以并处一千元以下罚款；情节较轻的，处五日以上十日以下拘留，可以并处五百元以下罚款：

（一）组织、教唆、胁迫、诱骗、煽动他人从事邪教、会道门活动或者利用邪教、会道门、迷信活动，扰乱社会秩序、损害他人身体健康的；

（二）冒用宗教、气功名义进行扰乱社会秩序、损害他人身体健康活动的。

▶理解与适用

[利用封建迷信、会道门进行非法活动的行为]

邪教，是指冒用宗教教义而建立的，不受国家法律承认和保护的非法组织。其发展教徒、筹集活动经费、传教方式是反社会的、反道德的、邪恶的，故称之为邪教组织。会道门，是封建迷信活动

组织的总称，带有封建迷信色彩或反社会性质。在理解本条时，注意迷信行为与邪教行为的区别。迷信行为往往并不涉及政治野心，更多是利用其他人的迷信心理为自己敛财，而且也很少会发展成严密的组织体系，没有完整的“歪理邪说”，因此社会危害性相对较小。

[冒用宗教、气功名义扰乱社会秩序]

正常的宗教活动以及以强身健体为目的的气功活动受到国家保护，任何人不得冒用宗教、气功名义进行破坏社会秩序、损害公民身体健康的活动，否则应当承担相应的法律责任。

▶条文参见

《宗教事务条例》；《刑法》第300条；《违反公安行政管理行为的名称及其适用意见》第44－46条

第二十八条 对干扰无线电业务及无线电台（站）行为的处罚

违反国家规定，故意干扰无线电业务正常进行的，或者对正常运行的无线电台（站）产生有害干扰，经有关主管部门指出后，拒不采取有效措施消除的，处五日以上十日以下拘留；情节严重的，处十日以上十五日以下拘留。

▶理解与适用

故意干扰无线电业务的正常进行和干扰无线电台（站）的行为，是指行为人违反国家规定，故意干扰无线电业务的正常进行，或者对正常运行的无线电台（站）进行有害干扰，经有关主管部门指出后，拒不采取有效措施消除的行为。实践中，一般发生的各种干扰事件绝大多数是由于非法使用无线通信设备或者违规产品造成的，比如擅自使用大功率的无绳电话、机动车擅自安装无线通信设施和设备、有线电视放大器、私设电台等行为。

▶条文参见

《违反公安行政管理行为的名称及其适用意见》第47－48条

第二十九条 对侵入、破坏计算机信息系统行为的处罚

有下列行为之一的，处五日以下拘留；情节较重的，处五日以上十日以下拘留：

（一）违反国家规定，侵入计算机信息系统，造成危害的；

（二）违反国家规定，对计算机信息系统功能进行删除、修改、增加、干扰，造成计算机信息系统不能正常运行的；

（三）违反国家规定，对计算机信息系统中存储、处理、传输的数据和应用程序进行删除、修改、增加的；

（四）故意制作、传播计算机病毒等破坏性程序，影响计算机信息系统正常运行的。

▶理解与适用

《计算机信息网络国际联网安全保护管理办法》第 20 条与本条竞合。对于有违反《计算机信息网络国际联网安全保护管理办法》第 6 条行为的，对单位的处罚适用《计算机信息网络国际联网安全保护管理办法》第 6 条和第 20 条的规定，对其直接负责的主管人员和其他直接责任人员的处罚适用本法第 18 条和第 29 条的规定。

▶条文参见

《违反公安行政管理行为的名称及其适用意见》第 49 – 52 条；《计算机信息系统安全保护条例》第 7、20、23 – 24、26 条；《互联网上网服务营业场所管理条例》第 15 条；《计算机信息网络国际联网安全保护管理办法》第 6、20 条；《刑法》第 285、286 条

第二节　妨害公共安全的行为和处罚

第三十条　对违反危险物质管理行为的处罚

违反国家规定，制造、买卖、储存、运输、邮寄、携带、使用、提供、处置爆炸性、毒害性、放射性、腐蚀性物质或者传染病病原体等危险物质的，处十日以上十五日以下拘留；情节较轻的，处五日以上十日以下拘留。

▶理解与适用

违反危险物质管理的行为，主要是指违反国家有关规定，制造、买卖、储存、运输、邮寄、携带、使用、提供、处置爆炸性、毒害性、放射性、腐蚀性物质或者传染病病原体等危险物质的行为。本

条规定的危险物质主要是指法条中列明的爆炸性、毒害性、放射性、腐蚀性物质或者传染病病原体等危险物质。违反危险物质管理的行为方式主要有制造、买卖、储存、运输、邮寄、携带、使用、提供、处置。本法对上述行为的处罚，仅仅规定了拘留。需要说明的是，对同一违法行为，有关部门按照其他法律、行政法规进行了拘留以外的行政处罚的，不影响公安机关按照本条的规定给予拘留的处罚。

▶条文参见

《违反公安行政管理行为的名称及其适用意见》第 53 条；《民用爆炸物品安全管理条例》第 44 条、第 46 – 47 条；《危险化学品安全管理条例》第 55 – 70 条

第三十一条 对危险物质被盗、被抢、丢失不报行为的处罚

爆炸性、毒害性、放射性、腐蚀性物质或者传染病病原体等危险物质被盗、被抢或者丢失，未按规定报告的，处五日以下拘留；故意隐瞒不报的，处五日以上十日以下拘留。

▶理解与适用

这里的“未按规定报告”中的“规定”是广义概念，包括法律、法规、规章、各级人民政府颁布的规范性文件、命令以及有关行业主管部门、行业协会、企事业单位自身制定的规章制度等。这些“规定”课以相关单位或责任人报告义务，如违反相关报告义务，即未按规定报告或故意隐瞒不报的，应当依照本法予以拘留。“未按规定报告”，是指有关单位或者个人，未按照规定的时间或者规定的程序及时向主管部门或者本单位报告危险物质被盗、被抢或者丢失的情形。如果其及时如实报告，则不得适用本条的规定。“故意隐瞒不报”，是指发生危险物质被盗、被抢或者丢失后，责任人意图通过自身的努力而将危险物质追回而不报告，或者隐瞒实际情况，意图逃避责任，而不如实报告的行为。

▶条文参见

《违反公安行政管理行为的名称及其适用意见》第 54 条；《危险化学品安全管理条例》第 67 条

第三十二条 对非法携带管制器具行为的处罚

非法携带枪支、弹药或者弩、匕首等国家规定的管制器具的，处五日以下拘留，可以并处五百元以下罚款；情节较轻的，处警告或者二百元以下罚款。

非法携带枪支、弹药或者弩、匕首等国家规定的管制器具进入公共场所或者公共交通工具的，处五日以上十日以下拘留，可以并处五百元以下罚款。

▶理解与适用

按照本条第 1 款的规定，行为人只要违反有关规定，具有非法携带枪支、弹药或弩、匕首等国家规定的管制器具的行为，即构成本条规定的违法行为。“非法”是指违反有关管制器具管理的法律、法规、规章及相关规范性文件的行为。注意：本法将原条例规定的管制刀具改为管制器具，但管制刀具是管制器具的重要组成部分。这里的“管制器具”，是指国家依法进行管制，只能由特定人员持有、使用，禁止私自生产、买卖、持有的弩、匕首、三棱刮刀、弹簧刀以及类似的单刃刀、双刃刀等。

本条第 2 款是关于非法携带枪支、弹药或弩、匕首等国家管制器具进入公共场所，如中心广场、影剧院、体育运动场、公园、车站等大众进行公开活动的地方；或者公共交通工具，如火车、公共汽车、轮船、电车、民用航空器等的规定。

▶条文参见

《违反公安行政管理行为的名称及其适用意见》第 55 条

第三十三条 对盗窃、损毁公共设施行为的处罚

有下列行为之一的，处十日以上十五日以下拘留：

（一）盗窃、损毁油气管道设施、电力电信设施、广播电视设施、水利防汛工程设施或者水文监测、测量、气象测报、环境监测、地质监测、地震监测等公共设施的；

（二）移动、损毁国家边境的界碑、界桩以及其他边境标志、边境设施或者领土、领海标志设施的；

（三）非法进行影响国（边）界线走向的活动或者修建有碍国（边）境管理的设施的。

▶理解与适用

公共设施是为国民经济运行、产业发展、居民生活提供交通、通讯、能源、税务、教育、医疗、文化体育等公共性服务的设施。盗窃是指以非法占有为目的，采用秘密窃取等手段取得，尚不构成刑事处罚的行为。毁损是指行为人出于故意或过失损坏或毁坏公私财物的行为。

界碑、界桩以及其他边境标志是我国领土范围的重要标志，标志着我国的主权和领土完整，事关国家利益，所以要保证其不被移动或损坏。对于违反本条规定，移动、损坏界碑、界桩及其他边境标志的行为，应当予以处罚。

非法进行影响国（边）界线走向的活动，或者修建有碍国（边）境管理设施的行为，主要是指行为人的行为已经影响了国（边）界限的走向或妨碍了国（边）境管理，例如，在临近国境线附近挖沙、耕种、采伐树木等，或在国边境位置修建房屋、挖鱼塘等。

▶条文参见

《违反公安行政管理行为的名称及其适用意见》第56－59条

第三十四条 对妨害航空器飞行安全行为的处罚

盗窃、损坏、擅自移动使用中的航空设施，或者强行进入航空器驾驶舱的，处十日以上十五日以下拘留。

在使用中的航空器上使用可能影响导航系统正常功能的器具、工具，不听劝阻的，处五日以下拘留或者五百元以下罚款。

▶理解与适用

第1款规定的4种针对使用中的航空器的违法行为，包括盗窃、损坏、擅自移动、强行进入舱内的，都要受到拘留行政处罚。值得注意的是，“使用中的航空器”是指在行为时正处于营运状态的航空器，如正在空中飞行或已经准备完毕等待起飞的客机。

第2款规定的违法行为将受到拘留或罚款的处罚，主要是指在使用中的航空器上经乘务人员的劝阻，仍然坚持自己的意愿，故意使用可能影响航空飞行安全的、禁止在航空器上使用的器具、工具，如移动电话、游戏机等。此行为的行为人主观上出于故意，因其直接威胁到航空器上人员生命和财产的安全及其他重大公共利益，故应当予以制止和处罚。

▶条文参见

《违反公安行政管理行为的名称及其适用意见》第60－62条

第三十五条 对妨害铁路运行安全行为的处罚

有下列行为之一的，处五日以上十日以下拘留，可以并处五百元以下罚款；情节较轻的，处五日以下拘留或者五百元以下罚款：

（一）盗窃、损毁或者擅自移动铁路设施、设备、机车车辆配件或者安全标志的；

（二）在铁路线路上放置障碍物，或者故意向列车投掷物品的；

（三）在铁路线路、桥梁、涵洞处挖掘坑穴、采石取沙的；

（四）在铁路线路上私设道口或者平交过道的。

▶理解与适用

本条是关于妨害铁路运行安全的行为及其处罚的规定。具体包括：

(1) 盗窃、损毁或者擅自移动铁路设施、设备、机车车辆配件或者安全标志的。这里的“铁路设施、设备”，是指构成铁路路网的固定设施、设备，包括线路、桥涵、站场、电力系统、通信信号系统等，如信号机抗流变压器、铁路信号接线盒、钢轨扣件等。“机车车辆配件”，是指蒸汽、内燃、电力机车车轴、油罐车底架、各类机车轮对、主变压器、受电弓、电机座等零部件。

(2) 在铁路线路上放置障碍物，或者故意向列车投掷物品的。本项所列行为没有造成现实危害或者不足以构成现实危险，尚不构成犯罪。这是罪与非罪的重要界限。如果在铁路线路上放置障碍物，足以使列车发生倾覆危险，则要按照《刑法》的相关规定定罪处刑。

(3) 在铁路线路、桥梁、涵洞处挖掘坑穴、采石取沙的。根据本条的规定，构成本项违反治安管理行为的主观心态既包括故意，也包括过失，有的行为人明知在铁路线路、桥梁、涵洞处挖掘坑穴、采石取沙，会危及铁路路基安全，但仍从事该行为。至于挖掘坑穴、采石取沙的目的如何，不影响本项规定的违反治安管理行为的构成。

（4）在铁路线路上私设道口或者平交过道的。实践中，设道口或者平交过道，往往要依据铁路线路两侧的居民数量、聚集区情况、生产生活的实际、地形地势等因素综合确定。出于自身便利的考虑，个别人会在铁路线路上私设道口或者平交过道，但这种行为的危害性较大，既影响铁路运行安全，也关系过往机动车、非机动车和行人的生命安全，必须予以相应的惩处。

▶条文参见

《违反公安行政管理行为的名称及其适用意见》第 63 – 67 条

第三十六条 对妨害列车行车安全行为的处罚

擅自进入铁路防护网或者火车来临时在铁路线路上行走坐卧、抢越铁路，影响行车安全的，处警告或者二百元以下罚款。

▶理解与适用

根据本条的规定，妨害火车行车安全的行为主要有以下 3 种情形：一是擅自进入铁路防护网；二是火车来临时在铁路线路上行走坐卧，影响行车安全的；三是火车来临时抢越铁路，影响行车安全的。

▶条文参见

《违反公安行政管理行为的名称及其适用意见》第 68 – 69 条

第三十七条 对妨害公共道路安全行为的处罚

有下列行为之一的，处五日以下拘留或者五百元以下罚款；情节严重的，处五日以上十日以下拘留，可以并处五百元以下罚款：

（一）未经批准，安装、使用电网的，或者安装、使用电网不符合安全规定的；

（二）在车辆、行人通行的地方施工，对沟井坎穴不设覆盖物、防围和警示标志的，或者故意损毁、移动覆盖物、防围和警示标志的；

（三）盗窃、损毁路面井盖、照明等公共设施的。

▶理解与适用

[擅自安装使用电网的行为]

“未经批准”是指未经主管部门批准而安装和使用电网。“不符合安全规定”是指虽然经过批准，但安装、使用电网不符合警示装置、保险设备、电压标准等安全要求。

[不设或破坏覆盖物、防围和警示标志的行为]

施工的时候，建设施工方必须采取相应的安全防范措施，如在车辆、行人通行的地方施工时，要对沟井坎穴设置覆盖物、防围和警示标志，以免车辆和行人发生危险。否则将严重危及不特定人的生命健康和财产安全，属于危及公共安全的行为。

[盗窃、损毁公共设施的行为]

路面井盖、路灯、邮筒、公用电话等公用设施，是我们生产生活的重要组成部分，是社会经济发展的重要基础设施。盗窃或损毁这些公共设施无疑会对社会公众的利益产生不良影响，甚至危及公众的生命健康，对这种行为应当依法予以处罚。

▶条文参见

《违反公安行政管理行为的名称及其适用意见》第70－74条

第三十八条 对违反规定举办大型活动行为的处罚

举办文化、体育等大型群众性活动，违反有关规定，有发生安全事故危险的，责令停止活动，立即疏散；对组织者处五日以上十日以下拘留，并处二百元以上五百元以下罚款；情节较轻的，处五日以下拘留或者五百元以下罚款。

▶理解与适用

举办文化、体育等大型群众性活动危及公共安全的行为，是指举办大型群众性活动违反有关规定，由此发生安全事故危险的行为。本条规定的行为的主要特征：一是行为的主体是大型活动的组织者，包括主办单位及负责人，组织者应当在公安机关的协助和指导下，拟定安全方案，落实安全措施；二是行为人有违反有关规定的行为，包括举办活动未经许可或者虽经许可，但现场仍存在安全隐患或者在申请举办大型活动时承诺采取的安全措施和方案在申请被批准后就置于脑后等情形。“有关规定”是指有关大型群众性活动的批准、审查、治安保卫、法律责任等事项的法律、行政法规、部门规章及有关人民政府发布的决定、命令等。

▶条文参见

《违反公安行政管理行为的名称及其适用意见》第75条

第三十九条 对违反公共场所安全规定行为的处罚

旅馆、饭店、影剧院、娱乐场、运动场、展览馆或者其他供社会公众活动的场所的经营管理人员，违反安全规定，致使该场所有发生安全事故危险，经公安机关责令改正，拒不改正的，处五日以下拘留。

▶理解与适用

公共活动场所经营管理人员违反安全规定的行为，是指旅馆、饭店、影剧院、娱乐场、运动场、展览馆或者其他供社会公众活动的场所的经营管理人员，违反安全规定，致使该场所有发生安全事故危险，经公安机关责令改正，拒不改正的行为。

注意：公安机关责令改正，需要以书面的形式告知场所的经营管理人员，防止因告知不当、处罚前置的条件不充分，影响处罚的有效实施。对经公安机关通知即对安全隐患进行整改的场所，不应予以处罚。

▶条文参见

《违反公安行政管理行为的名称及其适用意见》第76条；《旅馆业治安管理办法》第3条；《娱乐场所管理条例》第20－22条；《娱乐场所治安管理办法》第8－18条；《互联网上网服务营业场所管理条例》第24条

第三节　侵犯人身权利、财产权利的行为和处罚

第四十条 对恐怖表演、强迫劳动、限制人身自由行为的处罚

有下列行为之一的，处十日以上十五日以下拘留，并处五百元以上一千元以下罚款；情节较轻的，处五日以上十日以下拘留，并处二百元以上五百元以下罚款：

（一）组织、胁迫、诱骗不满十六周岁的人或者残疾人进行恐怖、残忍表演的；

（二）以暴力、威胁或者其他手段强迫他人劳动的；

（三）非法限制他人人身自由、非法侵入他人住宅或者非法搜查他人身体的。

▶理解与适用

［组织、胁迫、诱骗］

“组织”指行为人通过纠集、控制不满 16 周岁的人、残疾人或者以雇用、招募等手段让不满 16 周岁的人、残疾人表演恐怖、残忍的节目的行为。“胁迫”是指行为人以立即实施暴力或其他有损身心健康的行为，如冻饿、体罚等相要挟，逼迫不满 16 周岁的人、残疾人按照其要求表演恐怖、残忍节目的行为。“诱骗”指行为人利用不满 16 周岁的人年幼无知的弱点或其他人身依附关系，或者利用残疾人的自身弱点，以许愿、诱惑、欺骗等手段使他们按要求表演恐怖、残忍节目的行为。

［恐怖表演、残忍表演］

恐怖表演，指营造凶杀、暴力等恐怖气氛的表演节目。残忍表演是指对人的身体进行残酷折磨，以营造残忍气氛的表演项目。这些表演项目严重摧残不满 16 周岁的人和残疾人的身心健康，影响其正常身体发育，并且造成很坏的社会影响。

［非法搜查他人身体］

根据法律的规定，搜查、检查他人身体只能由人民检察院、公安机关、国家安全机关的侦查人员依照法律规定的程序进行，其他任何单位和个人都无权对公民身体进行搜查、检查。“非法搜查”有两层意思：一是指无权进行搜查的单位和个人，非法对他人的身体进行搜查；二是指有搜查权的人员，滥用职权，擅自决定对他人身体进行搜查或搜查的程序和手续不符合法律规定。法条中规定的非法搜查主要是针对前一种情况而言的。

▶条文参见

《违反公安行政管理行为的名称及其适用意见》第 77－81 条；《刑法》第 238、244、245 条

第四十一条 对胁迫利用他人乞讨和滋扰乞讨行为的处罚

胁迫、诱骗或者利用他人乞讨的，处十日以上十五日以下拘留，可以并处一千元以下罚款。

反复纠缠、强行讨要或者以其他滋扰他人的方式乞讨的，处五日以下拘留或者警告。

▶理解与适用

胁迫、诱骗或利用他人乞讨行为侵犯的客体是被侵害人的人身权利，行为在客观上表现为：胁迫、诱骗被侵害人乞讨，其中被侵害人多为未成年人和残疾人。

第 2 款规定了冒犯性的乞讨行为，是反复纠缠、强行讨要或者以其他滋扰他人的方式乞讨的总称。本行为侵犯的客体是社会的公共秩序和他人的人身权利。反复纠缠指乞讨者在向他人行乞遭到拒绝后，仍然采取尾随、扯拽衣服等令人反感的方式继续乞讨钱财。强讨恶要，指以暴力、威胁、恐吓、辱骂、阻拦等令人恐惧、厌恶的方式乞讨钱财。

▶条文参见

《违反公安行政管理行为的名称及其适用意见》第 82 - 83 条；《刑法》第 262 条之一

第四十二条 对侵犯人身权利六项行为的处罚

有下列行为之一的，处五日以下拘留或者五百元以下罚款；情节较重的，处五日以上十日以下拘留，可以并处五百元以下罚款：

（一）写恐吓信或者以其他方法威胁他人人身安全的；

（二）公然侮辱他人或者捏造事实诽谤他人的；

（三）捏造事实诬告陷害他人，企图使他人受到刑事追究或者受到治安管理处罚的；

（四）对证人及其近亲属进行威胁、侮辱、殴打或者打击报复的；

（五）多次发送淫秽、侮辱、恐吓或者其他信息，干扰他人正常生活的；

（六）偷窥、偷拍、窃听、散布他人隐私的。

▶**理解与适用**

[威胁他人人身安全的行为]

威胁他人人身安全行为侵犯的客体是公民的人身安全，侵犯的对象是自然人个体，行为在客观方面表现为行为人写恐吓信或者以其他方法威胁他人人身安全。不管用什么手段威胁，都不影响本行为的成立，方法和手段只作为处罚的酌定情节。

[公然侮辱他人和诽谤他人的行为]

公然侮辱他人和诽谤他人都是损害他人人格权和名誉权的行为。“侮辱”是指公然诋毁他人人格、破坏他人名誉，侮辱的方法可以是暴力或非暴力的其他方法。所谓“公然”是指当众或者利用能够使多人听到或看到的方式对他人进行侮辱。“诽谤”是指故意捏造事实，并且进行散布，损害他人人格和名誉。“捏造事实”就是无中生有，凭空制造虚假事实。

[诬告陷害他人的行为]

这里的“捏造事实”具体而言就是捏造他人违反治安管理的事实或者犯罪事实，即将根本不存在的、可能引起公安机关、司法机关给予治安管理处罚或追究刑事责任的事实强加给被诬陷者，以使被诬陷者受到治安管理处罚或刑事处罚。诬告是指向国家机关和有关单位作虚假告发。诬告是手段，陷害是目的。

[打击报复证人的行为]

此行为侵害的对象是证人及其近亲属。证人不仅包括刑事诉讼中的证人，也包括民事诉讼、行政诉讼中的证人以及行政执法活动中涉及的证人。近亲属，是指配偶、父母、子女、祖父母、外祖父母、孙子女、外孙子女、兄弟姐妹。但是，在行政诉讼中，“近亲属”包括配偶、父母、子女、兄弟姐妹、祖父母、外祖父母、孙子女、外孙子女和其他具有扶养、赡养关系的亲属。

[发送滋扰信息干扰他人正常生活的行为]

此行为的客观方面表现为通过信件、电话、计算机信息网络或者其他途径多次传送淫秽、侮辱、恐吓或者其他骚扰信息，干扰他人正常生活。淫秽信息指具体描绘性行为或露骨宣扬色情淫秽的信息。侮辱信息指含有恶意攻击、谩骂、羞辱等有损他人人格尊严的信息。恐吓信息指威胁或要挟他人，使他人精神受到恐慌的信息。其他信息包括违法信息，如虚假广告、虚假中奖、倒卖违禁品等信息；也包括合法信息，如商品、服务广告等信息。

▶条文参见

《刑法》第243、246条；《违反公安行政管理行为的名称及其适用意见》第84－90条

▶典型案例指引

李某与武汉市公安局机场分局行政处罚纠纷上诉案（湖北省武汉市中级人民法院行政判决书〔2008〕武行终字第84号）

案件适用要点：威胁他人人身安全的行为除写恐吓信以外，还可采取其他方式，如投寄恐吓物、子弹，在夜晚往他人卧室的窗户扔砖头，携带管制刀具尾随他人等。本案中，李某通过打电话的方式威胁其他工作人员的人身安全，扰乱了机场的工作秩序，其行为应当受到处罚。

第四十三条 对殴打或故意伤害他人身体行为的处罚

殴打他人的，或者故意伤害他人身体的，处五日以上十日以下拘留，并处二百元以上五百元以下罚款；情节较轻的，处五日以下拘留或者五百元以下罚款。

有下列情形之一的，处十日以上十五日以下拘留，并处五百元以上一千元以下罚款：

（一）结伙殴打、伤害他人的；

（二）殴打、伤害残疾人、孕妇、不满十四周岁的人或者六十周岁以上的人的；

（三）多次殴打、伤害他人或者一次殴打、伤害多人的。

▶理解与适用

殴打、伤害他人的行为侵犯的客体是他人的身体权和健康权。身体权是自然人为维持身体的完整并支配其肢体、器官和其他组织的人格权。健康权是自然人以其器官乃至整体的功能利益为内容的人格权。所谓“殴打他人”，是指行为人公然打人，其行为方式主要是拳打脚踢，一般只是造成他人身体皮肉暂时的疼痛，被打的人并不一定会受伤。“故意伤害他人身体”是指非法损害他人身体健康的

行为。伤害他人的形式是多种多样的，包括用石头、棍棒打人、驱使动物咬人、用针扎人、用开水烫人等。这种伤害行为已经给他人的身体造成了轻微伤害，但尚不够刑事处罚。注意，对违反本条第2款第2项规定行为的处罚，不要求行为人主观上必须明知殴打、伤害的对象为残疾人、孕妇、不满14周岁的人或者60周岁以上的人。

▶条文参见

《公安机关执行〈中华人民共和国治安管理处罚法〉有关问题的解释（二）》第7-8条；《违反公安行政管理行为的名称及其适用意见》第91-92条

第四十四条 对猥亵他人和在公共场所裸露身体行为的处罚

猥亵他人的，或者在公共场所故意裸露身体，情节恶劣的，处五日以上十日以下拘留；猥亵智力残疾人、精神病人、不满十四周岁的人或者有其他严重情节的，处十日以上十五日以下拘留。

▶理解与适用

［猥亵］

猥亵，是指用抠摸、搂抱、舌舔、吸吮、手淫等行为刺激或者满足自己性欲或者挑起他人性欲的淫秽行为。被猥亵的对象既可能是女性，也可能是男性；既可能是对同性的猥亵，也可能是对异性的猥亵。行为侵犯的客体是他人的人格尊严，行为在客观方面表现为违背他人意志，使用暴力、威胁或其他手段猥亵他人。

［公共场所裸体行为］

只有对在公共场所故意赤身裸体、情节恶劣的行为，才加以处罚。这意味着即使在公共场所裸体，但如果情节不恶劣，本法不加以处罚。所谓情节恶劣，主要是指在公共场所的裸体行为超越道德的底线，造成了对他人的伤害。譬如，在公共场所大规模裸体，在公共场所裸体的行为给多人造成伤害，裸体行为中伴随威胁行为等。

▶条文参见

《违反公安行政管理行为的名称及其适用意见》第93-94条

第四十五条 对虐待家庭成员、遗弃被扶养人行为的处罚

有下列行为之一的，处五日以下拘留或者警告：

（一）虐待家庭成员，被虐待人要求处理的；

（二）遗弃没有独立生活能力的被扶养人的。

▶理解与适用

［虐待家庭成员的行为］

虐待家庭成员，是指经常用打骂、冻饿、禁闭、强迫过度劳动、有病不给治疗等方法，摧残折磨家庭成员，情节尚不恶劣，尚不构成刑事犯罪的行为。虐待情节是否恶劣，应当根据以下几个方面认定：虐待行为持续的时间、虐待行为的次数、手段、后果的严重性等。这也是虐待行为与虐待罪的主要区别。但同时，对于一般家庭纠纷，如一两次的打骂、偶尔的不给吃饭、禁闭等，情节轻微，后果不严重，不构成本行为。注意，对此类行为的处罚必须以被虐待人提出处理要求为前提。

［遗弃行为］

遗弃，指对于年老、年幼、患病或者其他没有独立生活能力的人，负有扶养义务而拒绝扶养的行为。这里的扶养，指广义上的扶养，即包括抚养、赡养及狭义扶养。

▶条文参见

《刑法》第260、261条

第四十六条 对强迫交易行为的处罚

强买强卖商品，强迫他人提供服务或者强迫他人接受服务的，处五日以上十日以下拘留，并处二百元以上五百元以下罚款；情节较轻的，处五日以下拘留或者五百元以下罚款。

▶理解与适用

强迫交易的违反治安管理行为，是指以暴力、威胁手段强买强卖、强迫他人提供服务或者强迫他人接受服务，情节不严重的行为。暴力，是指行为人对于被害人的身体实施强制或者殴打，如强拉硬

拽、捆绑拘禁等，致使被害人不得不购买或者接受服务。威胁，是指行为人对被害人实施精神上的强制，如以实施暴力相恐吓或者以损害名誉相要挟，致使被害人不得不购买或者接受服务。强迫进行交易的行为，违背了自愿、平等、公平、诚实信用的民事活动基本原则，侵犯了经营者或者消费者的合法权益，扰乱了正常的市场交易秩序，具有严重的社会危害性。

第四十七条 对煽动民族仇恨、民族歧视行为的处罚

煽动民族仇恨、民族歧视，或者在出版物、计算机信息网络中刊载民族歧视、侮辱内容的，处十日以上十五日以下拘留，可以并处一千元以下罚款。

第四十八条 对侵犯通信自由行为的处罚

冒领、隐匿、毁弃、私自开拆或者非法检查他人邮件的，处五日以下拘留或者五百元以下罚款。

▶理解与适用

本条规定了五种非法侵犯公民通信自由应当予以处罚的行为。公民的通信自由是《宪法》规定的一项基本权利，包括通信自由和通信秘密两个方面。所谓“冒领”是指假冒他人名义领取邮件的行为。“隐匿”是指将他人投寄的邮件秘密隐匿起来，使收件人无法查收的行为。“毁弃”是指将他人的邮件予以丢弃、撕毁、焚毁等，致使他人无法查收的行为。“非法开拆”是指违反国家有关规定，未经投寄人或者收件人的同意，私自开拆他人邮件的行为。“非法检查”是指违反国家有关规定，擅自检查他人邮件的行为。如果行为人误将他人的邮件当作自己的邮件拿走，或者误将他人的邮件当作自己的而开拆，或因疏忽大意丢失他人邮件等行为，不属于本条规定的违反治安管理行为。

第四十九条 对盗窃、诈骗、哄抢、抢夺、敲诈勒索、损毁公私财物行为的处罚

盗窃、诈骗、哄抢、抢夺、敲诈勒索或者故意损毁公私财物的，处五日以上十日以下拘留，可以并处五百元以下罚款；情节较重的，处十日以上十五日以下拘留，可以并处一千元以下罚款。

▶理解与适用

［盗窃行为］

盗窃行为，指以非法占有为目的，秘密窃取少量公私财物，尚不构成刑事处罚的行为。第一，行为人要有非法占有公私财物的目的；第二，行为人实施了秘密窃取的行为；第三，行为侵犯的对象是少量公私财物。要注意与盗窃罪区别，盗窃罪是指以非法占有为目的，秘密窃取数额较大的公私财物或者多次秘密窃取公私财物、入户盗窃、携带凶器盗窃、扒窃的行为。根据《最高人民法院、最高人民检察院关于办理盗窃刑事案件适用法律若干问题的解释》的规定，盗窃公私财物价值1000元至3000元以上、3万元至10万元以上、30万元至50万元以上的，应当分别认定为《刑法》第264条规定的“数额较大”“数额巨大”“数额特别巨大”。两年内盗窃3次以上的，应当认定为“多次盗窃”。

［诈骗行为］

诈骗行为，指以非法占有为目的，用虚构事实或者隐瞒真相的方法骗得少量公私财物的行为。诈骗行为的主要特征是：行为人实施了以虚构事实或隐瞒事实真相的欺骗方法，使财物所有人、管理人产生错觉，信以为真，从而“自愿”地交出少量财物的行为。要注意诈骗行为与诈骗罪的区别。诈骗行为只是骗取少量公私财物，诈骗罪则要求数额较大或者情节严重。

［哄抢行为］

哄抢行为，是指以非法占有为目的，乘乱夺取少量公私财物，尚不够刑事处罚的行为。其构成要件是：(1) 该行为主体为一般主体，即符合法律规定，能够承担违反治安管理责任的任何自然人。(2) 该行为在主观方面表现为直接故意，以非法占有为目的。实践中，有的人因与他人发生债务或财产纠纷，采用纠集多人强行夺取

对方财物的方法，用以抵债，可以本行为论处。(3) 该行为的客观方面表现为乘乱夺取少量公私财物的行为。(4) 该行为侵犯的客体是公私财物的所有权。

[抢夺行为]

抢夺行为，是以非法占有为目的，公然夺取公私财物的行为。行为人主观出于故意，客观实施了乘人不备、公然夺取他人少量财物的行为。所谓“公然夺取”，是指当着公私财物所有人、保管者、使用者的面而公然对财物采取有形的、使他人来不及抗拒而夺取财物的行为。至于“少量公私财物”，相对于《刑法》规定的抢夺罪的数额而定。

[敲诈勒索行为]

敲诈勒索，是以非法占有为目的，对公私财物的所有人、管理人使用威胁或要挟的方法，勒索少量公私财物，尚不够刑事犯罪的行为。威胁或要挟，是通过对公私财物所有人、管理人及其近亲属实行精神上的强制，使其在心理上产生恐惧或者压力，不得已而交出财物。行为人必须具有非法占有他人财物的目的，如果是其他目的，如债权人为讨债而威胁债务人，则不属于敲诈勒索。敲诈勒索行为只有当数额巨大或者有其他严重情节时，才构成犯罪。

[故意损毁公私财物的行为]

故意损毁公私财物的行为，是指故意非法损毁公私财物，情节轻微，尚不够刑事处罚的行为。所谓“损毁”，是指使物品部分或全部丧失其价值或使用价值。损毁公私财物的方法多种多样。故意损毁公私财物行为，必须达到数额较大或有其他严重情节才构成犯罪。

▶条文参见

《违反公安行政管理行为的名称及其适用意见》第 101－106 条；《刑法》第 263－267、274、275 条

▶典型案例指引

李某诉某市公安局治安行政处罚案（《人民法院案例选》* 2009 年第 2 辑）

案件适用要点：在房屋交付后，办理转移登记前，卖方单方悔约并私自调换房门锁芯的行为不具有正当性，其开拆房门原锁芯的

* 最高人民法院中国应用法学研究所编，中国法制出版社 2009 年版。

行为构成故意损毁财物的违反治安管理行为，安装新锁芯的行为则构成了民事上非法侵占不动产的行为，而非法进入他人合法占有房屋的行为并不构成非法侵入他人住宅的违反治安管理行为。

第四节　妨害社会管理的行为和处罚

第五十条　对拒不执行紧急状态决定、命令和阻碍执行公务的处罚

有下列行为之一的，处警告或者二百元以下罚款；情节严重的，处五日以上十日以下拘留，可以并处五百元以下罚款：

（一）拒不执行人民政府在紧急状态情况下依法发布的决定、命令的；

（二）阻碍国家机关工作人员依法执行职务的；

（三）阻碍执行紧急任务的消防车、救护车、工程抢险车、警车等车辆通行的；

（四）强行冲闯公安机关设置的警戒带、警戒区的。

阻碍人民警察依法执行职务的，从重处罚。

▶理解与适用

紧急状态是指当国家或国家中的某一地区出现暴乱、动乱或者大规模传染性疾病、疫情，国家有关机关依法宣布该国家或者该地区进入紧急状态，同时采取必要措施来应对危机。进入紧急状态后，有关国家机关必然要发布一些紧急状态情况下的决定和命令，这些决定和命令可能会对公民的人身自由和财产作出一定限制，但为了维护国家和地区的稳定，为了维护公共利益，公民对此负有容忍和遵守的义务。

“国家机关工作人员依法执行职务”是指国家立法机关、行政机关以及司法机关等单位的工作人员依照法律规定，执行职务。如人民警察维护道路交通秩序，依法对犯罪嫌疑人进行逮捕，税务机关的工作人员依法征税等行为，都属于国家机关工作人员依法执行职务的行为。“阻碍”行为表现为拒绝、阻碍国家机关工作人员依法执行职务。此外，行为人主观上必须出于故意，即行为人明知对方是国家机关工作人员而拒绝。

▶条文参见

《违反公安行政管理行为的名称及其适用意见》第 107 – 110 条

第五十一条 对招摇撞骗行为的处罚

冒充国家机关工作人员或者以其他虚假身份招摇撞骗的，处五日以上十日以下拘留，可以并处五百元以下罚款；情节较轻的，处五日以下拘留或者五百元以下罚款。

冒充军警人员招摇撞骗的，从重处罚。

▶理解与适用

冒充国家机关工作人员的“冒充”包括两种情况：一是指行为人本身并不具备国家机关工作人员的身份，而是通过一定的方式，以国家机关工作人员的名义对外开展活动。该特定的方式可以包括口头宣称自己是国家机关工作人员；或者通过伪造、变造有关公文、身份证件以及其他证明文件等方式，证明自己是国家机关工作人员；二是行为人本身是国家机关工作人员，但是其冒充其他国家机关工作人员的身份或者职位，尤其是冒充比其本人身份或者职位更高或者更重要的国家机关工作人员。

“以其他身份招摇撞骗”是指除冒充国家机关工作人员的情形以外，行为人借助其他虚假身份实施的招摇撞骗行为。例如，社会无业游民编造虚假的学历证明，冒充某著名高校的博士毕业生来另一地的高校求职；某人冒充我国革命战争年代某著名将领的后人骗取钱财等，都属于此类行为。

第五十二条 对伪造、变造、买卖公文、证件、票证行为的处罚

有下列行为之一的，处十日以上十五日以下拘留，可以并处一千元以下罚款；情节较轻的，处五日以上十日以下拘留，可以并处五百元以下罚款：

（一）伪造、变造或者买卖国家机关、人民团体、企业、事业单位或者其他组织的公文、证件、证明文件、印章的；

（二）买卖或者使用伪造、变造的国家机关、人民团体、企业、事业单位或者其他组织的公文、证件、证明文件的；

（三）伪造、变造、倒卖车票、船票、航空客票、文艺演出票、体育比赛入场券或者其他有价票证、凭证的；

（四）伪造、变造船舶户牌，买卖或者使用伪造、变造的船舶户牌，或者涂改船舶发动机号码的。

▶理解与适用

伪造，指无权制作公文、证件、证明文件、印章、有价票证、凭证、船舶户牌的人，非法制作国家机关、人民团体、企业、事业单位或者其他组织的公文、证件、证明文件、印章、有价票证、凭证、船舶户牌的行为。变造，是指采用涂改、擦消、拼接等方法，对真实合法的公文、证件、证明文件、印章、有价票证、凭证、船舶户牌等进行改造，变更其原来真实内容的行为。倒卖，是指为了某种目的，非法购买或销售国家机关、人民团体、企业、事业单位或者其他组织的公文、证件、证明文件、印章、有价票证、凭证、船舶户牌的行为。

第五十三条 对船舶擅自进入禁、限入水域或岛屿行为的处罚

船舶擅自进入、停靠国家禁止、限制进入的水域或者岛屿的，对船舶负责人及有关责任人员处五百元以上一千元以下罚款；情节严重的，处五日以下拘留，并处五百元以上一千元以下罚款。

▶条文参见

《违反公安行政管理行为的名称及其适用意见》第 118 条

第五十四条 对违法设立社会团体行为的处罚

有下列行为之一的，处十日以上十五日以下拘留，并处五百元以上一千元以下罚款；情节较轻的，处五日以下拘留或者五百元以下罚款：

（一）违反国家规定，未经注册登记，以社会团体名义进行活动，被取缔后，仍进行活动的；

（二）被依法撤销登记的社会团体，仍以社会团体名义进行活动的；

（三）未经许可，擅自经营按照国家规定需要由公安机关许可的行业的。

有前款第三项行为的，予以取缔。

取得公安机关许可的经营者，违反国家有关管理规定，情节严重的，公安机关可以吊销许可证。

▶条文参见

《公安机关执行〈中华人民共和国治安管理处罚法〉有关问题的解释》第4、6条；《违反公安行政管理行为的名称及其适用意见》第119－120条

第五十五条 对非法集会、游行、示威行为的处罚

煽动、策划非法集会、游行、示威，不听劝阻的，处十日以上十五日以下拘留。

▶理解与适用

所谓“非法的”集会、游行、示威活动，主要是指违反《集会游行示威法》的有关规定举行的集会、游行、示威活动，包括未经批准组织的集会、游行、示威活动以及在集会、游行、示威活动过程中出现违反法律、法规规定的过激行为，包括借助集会、游行、示威活动之机，打、砸、抢夺公私财物，侵害他人的人身财产权利或者其他破坏社会秩序的行为。

▶条文参见

《集会游行示威法》

第五十六条 对旅馆工作人员违反规定行为的处罚

旅馆业的工作人员对住宿的旅客不按规定登记姓名、身份证件种类和号码的，或者明知住宿的旅客将危险物质带入旅馆，不予制止的，处二百元以上五百元以下罚款。

旅馆业的工作人员明知住宿的旅客是犯罪嫌疑人员或者被公安机关通缉的人员，不向公安机关报告的，处二百元以上五百元以下罚款；情节严重的，处五日以下拘留，可以并处五百元以下罚款。

▶条文参见

《旅馆业治安管理办法》;《违反公安行政管理行为的名称及其适用意见》第123－125条

第五十七条 对违法出租房屋行为的处罚

房屋出租人将房屋出租给无身份证件的人居住的，或者不按规定登记承租人姓名、身份证件种类和号码的，处二百元以上五百元以下罚款。

房屋出租人明知承租人利用出租房屋进行犯罪活动，不向公安机关报告的，处二百元以上五百元以下罚款；情节严重的，处五日以下拘留，可以并处五百元以下罚款。

▶条文参见

《租赁房屋治安管理规定》

第五十八条 对制造噪声干扰他人生活行为的处罚

违反关于社会生活噪声污染防治的法律规定，制造噪声干扰他人正常生活的，处警告；警告后不改正的，处二百元以上五百元以下罚款。

▶理解与适用

此处的噪声指的是社会生活噪声。社会生活噪声，是指人为活动所产生的除工业噪声、建筑施工噪声和交通运输噪声之外的、干扰周围生活环境的声音。制造噪声主要包括商业经营活动、娱乐场所、家庭使用的各种音响器材，如音箱、高音喇叭、乐器等音量过大或者在休息时间装修房屋噪声过大，影响他人正常休息等。行为人在主观上是故意或者过失都可以，只要干扰了他人的正常生活就构成本行为。

第五十九条 对违法典当、收购行为的处罚

有下列行为之一的，处五百元以上一千元以下罚款；情节严重的，处五日以上十日以下拘留，并处五百元以上一千元以下罚款：

（一）典当业工作人员承接典当的物品，不查验有关证明、不履行登记手续，或者明知是违法犯罪嫌疑人、赃物，不向公安机关报告的；

（二）违反国家规定，收购铁路、油田、供电、电信、矿山、水利、测量和城市公用设施等废旧专用器材的；

（三）收购公安机关通报寻查的赃物或者有赃物嫌疑的物品的；

（四）收购国家禁止收购的其他物品的。

▶理解与适用

典当行不得收当下列财物：（1）依法被查封、扣押或者已经被采取其他保全措施的财产；（2）赃物和来源不明的物品；（3）易燃、易爆、剧毒、放射性物品及其容器；（4）管制刀具，枪支、弹药，军、警用标志、制式服装和器械；（5）国家机关公文、印章及其管理的财物；（6）国家机关核发的除物权证书以外的证照及有效身份证件；（7）当户没有所有权或者未能依法取得处分权的财产；（8）法律、法规及国家有关规定禁止流通的自然资源或者其他财物。

▶条文参见

《典当管理办法》；《违反公安行政管理行为的名称及其适用意见》第 130 - 134 条

第六十条 对妨害执法秩序行为的处罚

有下列行为之一的，处五日以上十日以下拘留，并处二百元以上五百元以下罚款：

（一）隐藏、转移、变卖或者损毁行政执法机关依法扣押、查封、冻结的财物的；

（二）伪造、隐匿、毁灭证据或者提供虚假证言、谎报案情，影响行政执法机关依法办案的；

（三）明知是赃物而窝藏、转移或者代为销售的；

（四）被依法执行管制、剥夺政治权利或者在缓刑、暂予监外执行中的罪犯或者被依法采取刑事强制措施的人，有违反法律、行政法规或者国务院有关部门的监督管理规定的行为。

▶理解与适用

本条是关于妨碍行政执法和司法行为的处罚规定。“隐藏”指将财物藏匿于隐蔽的处所，以躲避行政执法机关的执行。“转移”是指变更财物所在的位置，使得行政执法机关无法有效控制该财物。“变卖”是指通过交易的方式将财物变价，以躲避行政执法机关的执行。“损毁”是指通过暴力或其他手段损坏财物的原有使用性质和用途，使其丧失应有的价值，导致行政决定实际上无法执行的行为。“赃物”指行为人利用非法手段取得的各种物品、资料，包括以抢劫、抢夺、诈骗、敲诈勒索和偷盗、哄抢等方式取得的各种物品。

▶条文参见

《违反公安行政管理行为的名称及其适用意见》第135－140条

第六十一条　对协助组织、运送他人偷越国（边）境行为的处罚

协助组织或者运送他人偷越国（边）境的，处十日以上十五日以下拘留，并处一千元以上五千元以下罚款。

▶理解与适用

组织他人偷越国（边）境是指未经办理有关出国、出境证件和手续，领导、策划、组织他人偷越国境、边境的行为。“协助”指为违法分子组织或运送他人偷越国境、边境提供帮助或便利条件，如为违法分子通风报信等。

▶条文参见

《公安机关执行〈中华人民共和国治安管理处罚法〉有关问题的解释（二）》第9条

第六十二条 对偷越国（边）境行为的处罚

为偷越国（边）境人员提供条件的，处五日以上十日以下拘留，并处五百元以上二千元以下罚款。

偷越国（边）境的，处五日以下拘留或者五百元以下罚款。

▶理解与适用

偷越国（边）境，主要表现为行为人在边境口岸采取伪造、涂改、冒用出入境证件或者企图用蒙骗手段蒙混过关，偷越国境、边境，也可以是行为人在非边境口岸秘密出入国境、边境。本行为的手段和方法多种多样，行为人主观上出于故意。

▶条文参见

《刑法》第318、321条

第六十三条 对妨害文物管理行为的处罚

有下列行为之一的，处警告或者二百元以下罚款；情节较重的，处五日以上十日以下拘留，并处二百元以上五百元以下罚款：

（一）刻划、涂污或者以其他方式故意损坏国家保护的文物、名胜古迹的；

（二）违反国家规定，在文物保护单位附近进行爆破、挖掘等活动，危及文物安全的。

▶理解与适用

本条规定的行为侵犯的客体是国家对文物、名胜古迹的管理秩序。此行为侵犯的对象是国家保护的文物和名胜古迹，例如，具有历史、艺术、科学价值的古文化遗址、古墓葬、古建筑、艺术品、图书资料等。具体来讲，本条规定的妨害文物管理的行为有：刻划、涂污国家保护的文物、名胜古迹的行为；以其他方式故意损坏国家保护的文物、名胜古迹的行为；违反国家规定，在文物保护单位附近进行爆破、挖掘等，危及文物安全的行为。可见这些规定都是行为犯，只要实施了违法行为，就应当承担责任，而不要求造成严重后果。

第六十四条 对非法驾驶交通工具行为的处罚

有下列行为之一的，处五百元以上一千元以下罚款；情节严重的，处十日以上十五日以下拘留，并处五百元以上一千元以下罚款：

（一）偷开他人机动车的；

（二）未取得驾驶证驾驶或者偷开他人航空器、机动船舶的。

▶理解与适用

“偷开”指在不为机动车、航空器、机动船舶所有人知晓的情况下，行为人秘密开走机动车、航空器、机动船舶，使其不受所有人控制的行为。“未取得驾驶证驾驶”是指没有经过专门的训练，没有取得合法的驾驶机动车、航空器、机动船舶的专业驾驶证书而从事驾驶的行为。

第六十五条 对破坏他人坟墓、尸体和乱停放尸体行为的处罚

有下列行为之一的，处五日以上十日以下拘留；情节严重的，处十日以上十五日以下拘留，可以并处一千元以下罚款：

（一）故意破坏、污损他人坟墓或者毁坏、丢弃他人尸骨、骨灰的；

（二）在公共场所停放尸体或者因停放尸体影响他人正常生活、工作秩序，不听劝阻的。

▶理解与适用

本条规定了妨碍尸体管理的3种行为：故意破坏、污损他人坟墓；毁坏、丢弃他人尸骨、骨灰；在公共场所停放尸体或者因停放尸体影响他人正常生活、工作秩序，不听劝阻。这3种行为虽然客观表现不同，行为对象不同，但均是出于主观故意。破坏他人坟墓是指挖掘、破坏他人坟墓、毁坏他人墓碑等行为。污损他人坟墓是指用污秽物品泼洒在他人的坟墓上，也包括污损他人墓碑的行为。毁坏、丢弃他人尸骨、骨灰是指将他人的尸骨进行破坏或者陈尸野

外，将他人骨灰丢弃的行为。在公共场所停放尸体或者因停放尸体影响他人正常生活、工作秩序，不听劝阻的行为，不仅要有停放尸体的行为，且该行为须达到足以影响他人正常生活、工作秩序的程度，而且必须有不听他人或组织的劝阻的情节。

第六十六条 对卖淫、嫖娼行为的处罚

卖淫、嫖娼的，处十日以上十五日以下拘留，可以并处五千元以下罚款；情节较轻的，处五日以下拘留或者五百元以下罚款。

在公共场所拉客招嫖的，处五日以下拘留或者五百元以下罚款。

▶理解与适用

卖淫、嫖娼是以金钱、财物为媒介，发生性关系的行为，包括手淫、口淫、鸡奸等行为。客观上，卖淫嫖娼的行为可以发生在异性之间，也可以发生在同性之间，发生性行为的方式也有多种。但是要注意将此行为区别于一般娱乐业、饮食服务业等一些场所为了招揽生意，引诱、组织一些女子同顾客进行一些下流的举动和行为，如猥亵行为，但是没有发生性关系，对这些行为就不应当按照卖淫嫖娼处理。

拉客招嫖行为，是指行为人在公共场所，如宾馆、饭店、娱乐场所、街道等区域，以语言挑逗或者肢体动作强拉硬拽等方式，意图使他人嫖娼的行为。构成该行为需要同时满足3个条件：公共场所、拉客、招嫖。

▶条文参见

《违反公安行政管理行为的名称及其适用意见》第151－153条；《娱乐场所管理条例》第14条、第30条

第六十七条 对引诱、容留、介绍卖淫行为的处罚

引诱、容留、介绍他人卖淫的，处十日以上十五日以下拘留，可以并处五千元以下罚款；情节较轻的，处五日以下拘留或者五百元以下罚款。

▶理解与适用

引诱他人卖淫，是指行为人为了达到某种目的，以金钱诱惑或者通过宣扬腐朽生活方式等手段，诱使没有卖淫习性的人从事卖淫活动的行为。介绍他人卖淫，指行为人为了获取非法利益，在卖淫者与嫖娼者之间牵线搭桥，使卖淫者与嫖客相识并进行卖淫嫖娼活动的行为。容留他人卖淫，指行为人出于故意为卖淫嫖娼者的卖淫、嫖娼活动提供场所，使该活动得以进行的行为。

▶条文参见

《刑法》第358、359条

第六十八条 对传播淫秽信息行为的处罚

制作、运输、复制、出售、出租淫秽的书刊、图片、影片、音像制品等淫秽物品或者利用计算机信息网络、电话以及其他通讯工具传播淫秽信息的，处十日以上十五日以下拘留，可以并处三千元以下罚款；情节较轻的，处五日以下拘留或者五百元以下罚款。

▶理解与适用

传播淫秽信息的行为侵犯的客体是社会管理秩序和良好的社会风尚。其行为方式呈现出多样化的趋势，如利用网站、BBS、聊天室、FTP服务器、留言版、电子广告栏等计算机信息网络，或利用固定电话及其他通讯工具传播淫秽信息。

▶条文参见

《刑法》第363－367条；《违反公安行政管理行为的名称及其适用意见》第155－156条；《互联网上网服务营业场所管理条例》第14条

第六十九条 对组织、参与淫秽活动的处罚

有下列行为之一的，处十日以上十五日以下拘留，并处五百元以上一千元以下罚款：

（一）组织播放淫秽音像的；

（二）组织或者进行淫秽表演的；

（三）参与聚众淫乱活动的。

明知他人从事前款活动，为其提供条件的，依照前款的规定处罚。

▶理解与适用

组织播放淫秽音像，是指播放淫秽电影、录像、幻灯片、录音带、激光唱片、存储有淫秽内容的计算机软件等音像制品，并召集多人观看、收听的行为。这里要追究的是组织多人观看淫秽音像的播放者，而不是向个人播放淫秽音像制品或者参与观看的人。行为人组织播放行为并不是以营利为目的，其具体目的在认定本行为时并不考虑。另外，如果行为人播放淫秽物品给自己看而没有组织他人观看，不构成本行为。

组织淫秽表演，是指组织他人当众进行淫秽性的表演。组织行为是指策划表演的过程，即纠集、招募、雇佣表演者，寻找、租用表演场地，招揽群众等组织演出的行为。进行淫秽表演，是指自己参与具体的淫秽表演。所谓淫秽表演，主要是指跳脱衣舞、裸体舞、性交表演、手淫口淫等表演。

聚众淫乱，是指在组织者或首要分子的组织、纠集下，多人聚集在一起进行淫乱活动，如进行性交表演、聚众奸宿等，且性别不限。因其会造成非常不良的社会影响，伤风败俗，扰乱正常的社会管理秩序，所以应予惩罚。本行为处罚的对象是聚众淫乱活动的参加者，行为人参与的次数不能超过 3 次，超过的则构成犯罪，对于组织者，只要有组织行为即构成犯罪。

第七十条 对赌博行为的处罚

以营利为目的，为赌博提供条件的，或者参与赌博赌资较大的，处五日以下拘留或者五百元以下罚款；情节严重的，处十日以上十五日以下拘留，并处五百元以上三千元以下罚款。

▶理解与适用

本条规定了违反治安管理的2种有关赌博的行为：一是以营利为目的，为赌博提供条件的。行为人的主观动机是营利，客观行为表现为为赌博提供条件，例如，提供赌具、提供赌场、提供赌资等。二是参与赌博赌资较大的行为，即行为人本人参加赌博，且赌资较大。注意本条规定的赌博行为与赌博罪的区别。《刑法》规定的赌博罪，是指以营利为目的，聚众赌博、开设赌场或者以赌博为业的行为。两者都是对赌博行为进行处罚的行为，行为人都有营利的目的。但是两者的区别主要是客观方面的表现不同，赌博罪包括聚众赌博、开设赌场或者以赌博为业3项行为。对于不是以营利为目的，只是出于娱乐消遣进行的游戏性质的活动，虽然带有少量财务的输赢，但不能按赌博处理。

▶条文参见

《刑法》第303条

▶典型案例指引

李某诉广州市公安局越秀区分局治安行政处罚案（广州市中级人民法院行政判决书〔2006〕穗中法行终字第519号）

案件适用要点：违反治安管理的两种有关赌博的行为，一是以营利为目的，为赌博提供条件的。行为人的主观动机是营利，客观行为表现为为赌博提供条件，例如，提供赌具、提供赌场、提供赌资，为赌博活动提供其他便利条件的行为，如为赌博份子提供交通工具、食宿等便利条件等。二是参与赌博赌资较大的行为，即行为人本人参加赌博，且赌资较大。家庭成员、亲属之间娱乐中带有少量财物输赢的活动，不以赌博论处。

第七十一条 对涉及毒品原植物行为的处罚

有下列行为之一的，处十日以上十五日以下拘留，可以并处三千元以下罚款；情节较轻的，处五日以下拘留或者五百元以下罚款：

（一）非法种植罂粟不满五百株或者其他少量毒品原植物的；

（二）非法买卖、运输、携带、持有少量未经灭活的罂粟等毒品原植物种子或者幼苗的；

（三）非法运输、买卖、储存、使用少量罂粟壳的。

有前款第一项行为，在成熟前自行铲除的，不予处罚。

▶理解与适用

本条规定了针对毒品原植物进行违法活动的行为，其与《刑法》中规定的犯罪行为的不同之处在于数量少，因而不构成刑事处罚。行为的方式主要有非法种植、买卖、携带、持有、储存、使用等，由于毒品原植物及其种子、幼苗，甚至罂粟壳都可以用来制造毒品，会严重危害人身健康和社会安定，故应当对这些非法行为予以处罚。需要注意的是本条第 2 款的规定，毒品原植物成熟之前，不是在执法人员强制下铲除，而是自行铲除的，不予处罚。不予处罚，是指只要有本款规定的情形，一律不予处罚。

第七十二条 对毒品违法行为的处罚

有下列行为之一的，处十日以上十五日以下拘留，可以并处二千元以下罚款；情节较轻的，处五日以下拘留或者五百元以下罚款：

（一）非法持有鸦片不满二百克、海洛因或者甲基苯丙胺不满十克或者其他少量毒品的；

（二）向他人提供毒品的；

（三）吸食、注射毒品的；

（四）胁迫、欺骗医务人员开具麻醉药品、精神药品的。

▶理解与适用

本条中的毒品包括鸦片、海洛因、甲基苯丙胺、吗啡、大麻、可卡因以及国家规定管制的其他能够使人形成瘾癖的麻醉药品和精神药品。

▶条文参见

《公安机关执行〈中华人民共和国治安管理处罚法〉有关问题的解释（二）》第9条；《禁毒法》第19－29条；《戒毒条例》第25－36条

第七十三条 对教唆、引诱、欺骗他人吸食、注射毒品行为的处罚

教唆、引诱、欺骗他人吸食、注射毒品的，处十日以上十五日以下拘留，并处五百元以上二千元以下罚款。

▶理解与适用

教唆，指以劝说、怂恿、激将等方法唆使他人吸食、注射毒品的行为。引诱，指采取勾引、诱使、拉拢他人吸食注射毒品的行为，如向他人讲述吸食毒品的快感等。欺骗，指采取隐瞒事实真相的语言和行为，使他人在不知道的情况下吸食、注射毒品，如行为人把毒品放入卷烟中让其他不明真相的人吸食。

第七十四条 对服务行业人员通风报信行为的处罚

旅馆业、饮食服务业、文化娱乐业、出租汽车业等单位的人员，在公安机关查处吸毒、赌博、卖淫、嫖娼活动时，为违法犯罪行为人通风报信的，处十日以上十五日以下拘留。

▶理解与适用

本条规定的公安机关查处的违法行为的范围具有特定性，即只有在公安机关查处吸毒、赌博、卖淫、嫖娼活动时通风报信的，才依照本条规定处罚，为其他违法犯罪活动通风报信的，不按照本条规定处罚。另外，对于行为人仅给予拘留处罚，不得进行罚款处罚或者以罚代拘。

第七十五条 对饲养动物违法行为的处罚

饲养动物，干扰他人正常生活的，处警告；警告后不改正的，或者放任动物恐吓他人的，处二百元以上五百元以下罚款。

驱使动物伤害他人的，依照本法第四十三条第一款的规定处罚。

▶理解与适用

饲养动物者，如不尽心饲养管理动物，极易给周围他人的生活带来负面影响，扰乱他人正常生活。如饲养的动物生性凶猛，使附近居民的出行和心理健康受到影响；或是该动物叫声过大，影响他人正常休息等。对此，应当先予以警告，警告后不改正的，再处以罚款。

放任动物恐吓他人的行为，行为人主观上应当预见到该行为可能会给他人人身和财产带来损害，而放任这种结果的发生，故应当予以处罚。驱使动物伤害他人，行为人主观上出于故意，主观恶性程度较深，动物已经成为其伤害他人的工具，其行为性质应定性为故意伤害他人身体的行为，按照本法第 43 条第 1 款的规定处罚。

本条规定要求造成一定的后果，即要求饲养动物的行为必须干扰了他人的正常生活，例如，饲养的一些动物因为生性凶猛，对附近居民的出行和心理健康造成影响，或者饲养的动物经常偷吃附近群众的东西，给他人造成一定的经济损失的，或者是饲养的动物吼叫的声音非常大，影响周围居民的休息。这里的动物也是广义的概念，既包括狗、猫等家庭常见动物，也包括蛇、蜥蜴等动物。

第七十六条 对屡教不改行为的处罚

有本法第六十七条、第六十八条、第七十条的行为，屡教不改的，可以按照国家规定采取强制性教育措施。

▶条文参见

《公安机关执行〈中华人民共和国治安管理处罚法〉有关问题的解释》第 7 条

第四章　处罚程序

第一节　调　查

第七十七条　受理治安案件须登记

公安机关对报案、控告、举报或者违反治安管理行为人主动投案，以及其他行政主管部门、司法机关移送的违反治安管理案件，应当及时受理，并进行登记。

▶理解与适用

［报案］

报案，指单位和个人（包括被害人）向公安机关及其人民警察报告发现有违反治安管理的行为发生或违反治安管理行为人的行为。这是基层公安机关受理违反治安管理案件的主要来源之一。

［控告］

控告，是被害人及其近亲属对侵犯自己人身权利、财产权利的违反治安管理行为向公安机关告诉，要求追究违反治安管理行为人的法律责任的行为。控告是被害人维护自己合法权益，寻求法律帮助的主要途径。注意，当被害人及其近亲属知道具体侵害人时，则为“控告”；如果只知道侵害行为发生，而不知具体侵害人，则为“报案”。

［举报］

举报，指除了当事人以外的其他知情人向公安机关检举、揭发违反治安管理行为人的违法事实或者潜逃的违反治安管理行为人的线索的行为。这为公安机关的治安查处工作提供了极大帮助，有利于对违反治安管理案件的及时侦破和对违法行为人的惩处。同“控告”相同，只有在当事人以外的其他知情人知道具体违法行为人时，才为“举报”；如果只知道违法行为的发生而不知具体违法行为人，则为“报案”。

▶条文参见

《公安机关办理行政案件程序规定》第60－65条

第七十八条 受理治安案件后的处理

公安机关受理报案、控告、举报、投案后，认为属于违反治安管理行为的，应当立即进行调查；认为不属于违反治安管理行为的，应当告知报案人、控告人、举报人、投案人，并说明理由。

▶理解与适用

对于治安案件，应先由公安机关受理并予以登记，但受理不等于立案，还要经过一个受理后的审查程序，即通过公安机关及其人民警察的审查决定是否立案进行调查。经审查，如果公安机关认为属于违反治安管理行为，则应当立案调查；如果公安机关认为不属于违反治安管理行为，则应当告知相关人并说明理由。注意，此处的用词是“应当”，即公安机关在此情形下有调查、告知并说明理由的义务。

▶条文参见

《公安机关办理行政案件程序规定》第 61－65 条

第七十九条 严禁非法取证

公安机关及其人民警察对治安案件的调查，应当依法进行。严禁刑讯逼供或者采用威胁、引诱、欺骗等非法手段收集证据。

以非法手段收集的证据不得作为处罚的根据。

▶理解与适用

[刑讯逼供]

刑讯逼供，指采取刑讯或其他使人在肉体上剧烈痛苦的方法取得当事人的供述，如用棍子打、用鞭子抽、用烙铁烫等残酷手段达到屈打成招的目的。

[非法手段收集证据]

这里的非法手段包括很多种，如刑讯逼供、威胁、引诱、欺骗、冻饿、不允许休息、服用药物使其不清醒以及其他不人道的残忍或有辱人格的手段。这些收集证据的方法严重侵犯了公民的个人权利，同时容易造成迫于压力的虚假供述和虚假证据，而酿成错案。所以，非法证据应当予以排除，不应作为处罚的依据。注意，此处“非法证据”的范围相当广泛，包括使用“非法手段”收集的一切证据。

▶条文参见

《公安机关办理行政案件程序规定》第 27 条

第八十条 公安机关的保密义务

公安机关及其人民警察在办理治安案件时，对涉及的国家秘密、商业秘密或者个人隐私，应当予以保密。

▶理解与适用

国家秘密，指关系国家的安全和利益，依照法定程序确定，在一定时期内只限于一定范围的人知悉的事项。国家秘密分为绝密、机密、秘密三级。商业秘密，指不为公众知悉，能为权利人带来经济利益，具有实用性并经权利人采取保密措施的技术信息和经营信息。个人隐私，主要指纯粹个人的，与公众无关的，当事人不愿意让他人知道或他人不便知道的信息。涉及治安案件，个人隐私主要包括以下内容：病历、身体缺陷、健康状况、财产、收入状况、社会关系、家庭情况、婚恋情况、爱好、心理活动、未来计划、姓名、肖像、家庭电话号码、住址、政治倾向、宗教信仰、储蓄、档案材料、计算机储存的个人资料、被违法犯罪分子所侵犯的记录、域名、网名、电子邮件地址、社交账号等。

▶条文参见

《公安机关办理行政案件程序规定》第 8 条

第八十一条 关于回避的规定

人民警察在办理治安案件过程中，遇有下列情形之一的，应当回避；违反治安管理行为人、被侵害人或者其法定代理人也有权要求他们回避：

（一）是本案当事人或者当事人的近亲属的；

（二）本人或者其近亲属与本案有利害关系的；

（三）与本案当事人有其他关系，可能影响案件公正处理的。

人民警察的回避，由其所属的公安机关决定；公安机关负责人的回避，由上一级公安机关决定。

▶理解与适用

本条第 1 款是关于回避的提出及回避的条件的规定。回避是指办理治安案件的人民警察等与案件有法定利害关系或者其他可能影响案件公正处理关系的，不得参与该治安案件活动的一种制度。本法赋予了违反治安管理行为人、被侵害人及其法定代理人的申请回避权，以保障他们的合法权益。

本条第 2 款规定的是回避的决定机关。根据本款的规定，回避的决定机关是公安机关而不是公安机关负责人。其中，公安机关负责人包括公安机关的正、副职负责人。

▶条文参见

《公安机关办理行政案件程序规定》第 17－25 条

▶典型案例指引

徐某诉重庆市公安局高新区分局治安行政处罚案（重庆市第五中级人民法院行政判决书〔2007〕渝五中行终字第 47 号）

案件适用要点： 行为人之间的上下级关系不是直接型的，并不会影响到案件的处理。

第八十二条 关于传唤的规定

需要传唤违反治安管理行为人接受调查的，经公安机关办案部门负责人批准，使用传唤证传唤。对现场发现的违反治安管理行为人，人民警察经出示工作证件，可以口头传唤，但应当在询问笔录中注明。

公安机关应当将传唤的原因和依据告知被传唤人。对无正当理由不接受传唤或者逃避传唤的人，可以强制传唤。

▶理解与适用

[书面传唤]

不是每一个具体的执行人都可以启动这一程序，必须由公安机关办案部门负责人批准。

[口头传唤]

传唤必须使用传唤证。但是对于现场发现的违反治安管理行为人，人民警察可以在出示工作证件后口头传唤。展示证件是不可少的一个程序性步骤，这主要是为了表明身份，说明整个传唤行为的合法性。

[强制传唤]

对无正当理由不接受传唤或者逃避口头传唤和书面传唤的人，如被传唤人无理取闹拒不前往，或者态度粗暴坚决不到指定的地点等，可以采取这种强制传唤措施。注意，对于强制传唤，本条规定的是“可以”，而不是“应当”。

▶条文参见

《公安机关执行〈中华人民共和国治安管理处罚法〉有关问题的解释》第8条；《公安机关办理行政案件程序规定》第66－69条；《公安机关适用继续盘问规定》第8、9条

第八十三条 传唤后的询问期限与通知义务

对违反治安管理行为人，公安机关传唤后应当及时询问查证，询问查证的时间不得超过八小时；情况复杂，依照本法规定可能适用行政拘留处罚的，询问查证的时间不得超过二十四小时。

公安机关应当及时将传唤的原因和处所通知被传唤人家属。

▶理解与适用

“情况复杂”的情形是：一是情况复杂，即短时间内难以完成询问查证工作，如涉案人数众多；违反治安管理行为人流窜作案；涉及伤情鉴定或者物品鉴定问题，等等。二是依照本法规定可能适用行政拘留处罚的，即违反治安管理行为人的违法情节较重，社会危害性大，依照本法的规定可能被处以行政拘留处罚的。

"依照本法规定可能适用行政拘留处罚"是指本法第三章对行为人实施的违反治安管理行为设定行政拘留处罚，且根据其行为的性质和情节轻重，可能依法对违反治安管理的行为人决定予以行政拘留的案件。

▶条文参见

《公安机关执行〈中华人民共和国治安管理处罚法〉有关问题的解释》第8条；《公安机关办理行政案件程序规定》第67、69条

第八十四条 询问笔录、书面材料与询问不满十六周岁人的规定

询问笔录应当交被询问人核对；对没有阅读能力的，应当向其宣读。记载有遗漏或者差错的，被询问人可以提出补充或者更正。被询问人确认笔录无误后，应当签名或者盖章，询问的人民警察也应当在笔录上签名。

被询问人要求就被询问事项自行提供书面材料的，应当准许；必要时，人民警察也可以要求被询问人自行书写。

询问不满十六周岁的违反治安管理行为人，应当通知其父母或者其他监护人到场。

▶理解与适用

询问笔录，是行政执法机关调查行政案件的重要证据来源。行政执法机关及其执法人员询问当事人，应当制作询问笔录。本条规定了办理治安案件的人民警察对被询问人进行询问、制作询问笔录时应当遵循的程序性事项。注意，询问笔录应当有被询问人的"签名或者盖章"，并且有人民警察即询问人的"签名"，否则不能作为行政诉讼的证据。被询问人可以提供口头材料，也可以提供书面材料。在询问不满16周岁的违法行为人时，必须通知其父母或其他监护人到场，否则其询问笔录不得作为行政诉讼中的证据使用。

▶条文参见

《公安机关执行〈中华人民共和国治安管理处罚法〉有关问题的解释》第9条；《公安机关办理行政案件程序规定》第77条

第八十五条 询问被侵害人和其他证人的规定

人民警察询问被侵害人或者其他证人，可以到其所在单位或者住处进行；必要时，也可以通知其到公安机关提供证言。

人民警察在公安机关以外询问被侵害人或者其他证人，应当出示工作证件。

询问被侵害人或者其他证人，同时适用本法第八十四条的规定。

▶理解与适用

证人与被侵害人都不是违反治安管理行为的人，因此对他们进行询问不得使用传唤的方式。原则上，询问被侵害人或者其他证人，应到其所在单位或者住处进行。对于“必要情形”，可以通知其到公安机关提供证言。此处的“必要情形”要根据实际情况决定，如案情涉及国家秘密，为了防止泄密的；或者证人与被侵害人的近亲属与此案有利害关系等。人民警察询问被侵害人或者其他证人时应当出示工作证，消除当事人的戒备心理，配合询问工作。

▶条文参见

《公安机关执行〈中华人民共和国治安管理处罚法〉有关问题的解释》第9条；《公安机关办理行政案件程序规定》第28－34条

第八十六条 询问中的语言帮助

询问聋哑的违反治安管理行为人、被侵害人或者其他证人，应当有通晓手语的人提供帮助，并在笔录上注明。

询问不通晓当地通用的语言文字的违反治安管理行为人、被侵害人或者其他证人，应当配备翻译人员，并在笔录上注明。

▶理解与适用

此种情形的适用对象仅限于“违反治安管理行为人、被侵害人或者其他证人”，对于其他人如委托代理人则不适用。另外，此种情形应当在笔录中注明，否则影响其作为证据使用的可能性。实践中，不仅要注明询问聋哑人的情况、不通晓当地通用语言文字的情况，而且要注明相关翻译人员的姓名、工作单位、住址、职业等基本情况，并要求通晓手语和当地语言文字的人员签名。此外，翻译人员的费用应当由公安机关负责，且公安机关不得要求违反治安管理行为人、被侵害人或者其他证人支付。

▶条文参见

《公安机关办理行政案件程序规定》第76条

第八十七条 检查时应遵守的程序

公安机关对与违反治安管理行为有关的场所、物品、人身可以进行检查。检查时，人民警察不得少于二人，并应当出示工作证件和县级以上人民政府公安机关开具的检查证明文件。对确有必要立即进行检查的，人民警察经出示工作证件，可以当场检查，但检查公民住所应当出示县级以上人民政府公安机关开具的检查证明文件。

检查妇女的身体，应当由女性工作人员进行。

▶理解与适用

检查，是公安机关及其人民警察办理治安案件时对场所、物品以及人身进行检验查看的一项调查取证的强制性措施。这项权力的行使涉及公民的人身权利和财产权利，所以必须严格依法进行。既要依法定的权限进行，又要按照法定的方式和程序实施。本条针对实施检查时人民警察的人数、检查时所需的证明性文件、当场检查的条件以及针对妇女的身体进行检查时的特殊要求规定了相关的程序。现简述如下：

(1) 检查的对象仅限于与违反治安管理行为有关的场所、物品和人身，对于与违反治安管理行为无关的场所、物品、人身不可检查。

(2) 检查的人数要求。检查时，人民警察不得少于2人。这样规定一方面是出于对人民警察人身安全的考虑，另一方面则是为了防止人民警察在检查时违法行使职权。

(3) 检查的证件要求。在一般情况下，人民警察只须出示工作证件和检查证明文件即可进行检查，但存在两种特殊情况：第一，对“确有必要立即进行检查的”，只须出示工作证件即可检查，而不需要开具检查证明文件。“确有必要”一般是指情况紧急，如不立即检查则可能发生危险或其他较严重后果的情况，如违法行为人身上可能带有爆炸物品等。第二，无论在何种情况下，检查公民的住所时都应当有检查证明文件并出示。这是对公民住所的特殊保护。注意，检查证明文件只能由县级以上公安机关开具。

（4）检查人员的要求。检查妇女的身体，只能由女性工作人员进行。这是对妇女权益的保护。

▶条文参见

《公安机关执行〈中华人民共和国治安管理处罚法〉有关问题的解释（二）》第10条；《公安机关办理行政案件程序规定》第53条、第82－84条

第八十八条 检查笔录的制作

检查的情况应当制作检查笔录，由检查人、被检查人和见证人签名或者盖章；被检查人拒绝签名的，人民警察应当在笔录上注明。

▶理解与适用

检查笔录作为一种现场笔录，与检查所得的物证、书证、视听资料以及勘验笔录等共同构成违法行为调查的证据链。要求检查笔录应当有相关人员的签章，主要是为了保障检查笔录的真实性和合法性。检查笔录一般由检查人、被检查人和见证人签名或者盖章。在特殊情况下被检查人拒绝签名的，人民警察应当在笔录上注明，不影响检查笔录的效力。

▶条文参见

《公安机关办理行政案件程序规定》第86条

第八十九条 关于扣押物品的规定

公安机关办理治安案件，对与案件有关的需要作为证据的物品，可以扣押；对被侵害人或者善意第三人合法占有的财产，不得扣押，应当予以登记。对与案件无关的物品，不得扣押。

对扣押的物品，应当会同在场见证人和被扣押物品持有人查点清楚，当场开列清单一式二份，由调查人员、见证人和持有人签名或者盖章，一份交给持有人，另一份附卷备查。

对扣押的物品，应当妥善保管，不得挪作他用；对不宜长期保存的物品，按照有关规定处理。经查明与案件无关的，应当及时退还；经核实属于他人合法财产的，应当登记后立即退还；满六个月无人对该财产主张权利或者无法查清权利人的，应当公开拍卖或者按照国家有关规定处理，所得款项上缴国库。

▶理解与适用

根据本法第11条和本条第3款之规定，结合办案实践，对被扣押的物品通常有以下几种处理方式：

（1）由办案部门妥善保管。这类物品主要是违反治安管理行为人的作案工具以及找不到失主的赃物等。

（2）退还所有权人。这类物品通常是指不宜长期保存的赃物，如容易腐烂、灭损或者无法保管的物品；经查明与案件无关的物品；经核实属于他人（包括被侵害人）合法财产的物品等。

（3）拍卖或者变卖。对不宜长期保存的赃物，如找不到失主，经县级以上公安机关负责人批准，可以在拍照或者录像后进行拍卖或变卖，拍卖、变卖所得款项上缴国库。对满6个月无人对该财产主张权利或者无法查清权利人的，也可以拍卖，所得款项上缴国库。

（4）收缴。赌具、赌资，吸食、注射毒品的用具以及经查证属于直接用于实施违反治安管理行为且属于违反治安管理行为人所有的工具，应当予以收缴，并按照规定处理。

（5）销毁。扣押后，经鉴定属于毒品、淫秽物品或者其他违禁品的，应当一律收缴、销毁。

（6）上缴国库。对于找不到原主的赃款，应上缴国库。赃物应当经拍卖或者变卖后，将所得款项上缴。

（7）拍卖被处罚人的财物抵缴罚款。根据《行政处罚法》第72条第2项的规定，被处罚人逾期不缴纳罚款的，作出罚款决定的公安机关可以将依法扣押的被处罚人的财物拍卖，抵缴罚款。

▶条文参见

《公安机关办理行政案件程序规定》第 112 条

第九十条 关于鉴定的规定

为了查明案情，需要解决案件中有争议的专门性问题的，应当指派或者聘请具有专门知识的人员进行鉴定；鉴定人鉴定后，应当写出鉴定意见，并且签名。

▶理解与适用

实践中，需要通过鉴定解决的专门性问题包括：伤情鉴定、价格鉴定、违禁品和危险品鉴定、精神病鉴定、毒品尿样鉴定、声像资料鉴定。鉴定人可以由公安机关指派或者聘请，但必须是“具有专门知识的人员”。鉴定人在鉴定活动结束后，必须出具鉴定意见。鉴定意见必须是书面的并且由鉴定人签名。在案件的审理过程中，鉴定意见只是众多证据材料中的一种，需要经过双方当事人的质证才能作为定案的依据。

▶条文参见

《公安机关办理行政案件程序规定》第 87 – 100 条

第二节 决　　定

第九十一条 处罚的决定机关

治安管理处罚由县级以上人民政府公安机关决定；其中警告、五百元以下的罚款可以由公安派出所决定。

▶理解与适用

行政处罚必须由具有行政处罚权的行政机关实施。具体而言，行政处罚应由违法行为发生地的县级以上地方人民政府具有行政处罚权的行政机关管辖。所以，本条规定治安管理处罚要由县级以上人民政府公安机关决定。这里要说明的有两点：一是治安管理案件的处罚权只能由公安机关行使，而且级别应当是县级以上人民政府公安机关。二是对于违反治安管理行为处以较轻的处罚，即警告和

500 元以下的罚款时，可以由公安派出所决定。在此种情况下，公安派出所是作为“法律法规授权的组织”来行使职权的。也就是说，被处以警告、500 元以下罚款的治安管理处罚相对人可以以公安派出所为行政复议被申请人或行政诉讼被告。但值得注意的是，由于公安派出所无独立的财政，所以此两类行为给相关人造成损害需要行政赔偿的，行政赔偿的义务履行机关应当是该派出所的领导机关。公安派出所在市、县级公安局或者公安分局的直接领导下进行工作。

▶条文参见

《公安机关执行〈中华人民共和国治安管理处罚法〉有关问题的解释》第 10 条

第九十二条 行政拘留的折抵

对决定给予行政拘留处罚的人，在处罚前已经采取强制措施限制人身自由的时间，应当折抵。限制人身自由一日，折抵行政拘留一日。

▶理解与适用

首先，只有被采取强制措施限制人身自由的时间才可以折抵行政拘留处罚，而其他措施是不可以折抵的，如询问查证和继续盘问的时间就不可以折抵。其次，被折抵的处罚只能是行政拘留，而不能是警告、罚款等其他处罚措施。再次，折抵计算是限制人身自由 1 日，折抵行政拘留 1 日，即“1 日对 1 日”。需要注意的是，本条的限制人身自由的强制措施与行政拘留必须基于同一违法行为，如果是不同的行为导致的不同的处罚，则不能折抵。这里的“强制措施限制人身自由的时间”，包括被行政拘留人在被行政拘留前因同一行为被依法刑事拘留、逮捕的时间。如果被行政拘留人被刑事拘留、逮捕的时间已超过被行政拘留的时间，则行政拘留不再执行，但办案部门必须将《治安管理处罚决定书》送达被处罚人。

▶条文参见

《公安机关执行〈中华人民共和国治安管理处罚法〉有关问题的解释》第 11 条；《公安机关办理行政案件程序规定》第 163 条

第九十三条 违反治安管理行为人的陈述与其他证据的关系

公安机关查处治安案件，对没有本人陈述，但其他证据能够证明案件事实的，可以作出治安管理处罚决定。但是，只有本人陈述，没有其他证据证明的，不能作出治安管理处罚决定。

▶理解与适用

本条规定了公安机关查处治安案件时“重证据不轻信口供”的原则。该原则要求公安机关在作出治安管理处罚决定时，必须以事实清楚、证据确凿为前提。本条规定了两种情况：一是没有本人陈述，但其他证据能够证明案件事实。此时，其他证据确实充分，而且相互吻合，能够证明案件事实，已经达到了“事实清楚、证据确凿”的要求，因而可以据此作出治安管理处罚决定。如某人实施了冒充国家机关工作人员招摇撞骗的行为，被公安机关抓获，其本人既不主动交代，又不承认实施过这种行为，但有多名受害者指认，并且有其为了实施冒充国家机关工作人员进行招摇撞骗而制作的相关假证件等。二是只有本人陈述，没有其他证据证明的。此时虽说本人陈述也是证据的一种，但仅仅凭其陈述而无其他相关证据，不能据此认定当事人实施了违反治安管理的行为，因为当事人在陈述的时候，很自然地会考虑到陈述内容与其处罚结果之间的关系，如作这样的陈述或者作那样的陈述，对其是否有利等，这样就会产生当事人可能避重就轻，或者提供掺有虚假成分的陈述，甚至完全是虚假的陈述的可能。而且，现实中，还存在有的公安人员采用打骂、诱供等手段，导致当事人提供虚假的陈述的情况。

第九十四条 陈述权与申辩权

公安机关作出治安管理处罚决定前，应当告知违反治安管理行为人作出治安管理处罚的事实、理由及依据，并告知违反治安管理行为人依法享有的权利。

违反治安管理行为人有权陈述和申辩。公安机关必须充分听取违反治安管理行为人的意见，对违反治安管理行为人提出的事实、理由和证据，应当进行复核；违反治安管理行为人提出的事实、理由或者证据成立的，公安机关应当采纳。

公安机关不得因违反治安管理行为人的陈述、申辩而加重处罚。

▶**理解与适用**

［告知义务］

所谓公安机关的告知义务，是指公安机关在作出治安管理处罚决定前，应当告知违反治安管理行为人作出治安管理处罚的事实、理由及依据，并告知违反治安管理行为人依法享有的权利。公安机关的告知义务对应的是违反治安管理行为人享有的被告知的权利，即知情权。在此，需要注意的是法条中规定的履行告知义务的时间要求和告知内容。

［陈述和申辩的权利］

陈述权，是指违反治安管理行为人对公安机关给予治安管理处罚所认定的事实及适用法律是否准确、适当，陈述自己的看法和意见，同时也可以提出自己的主张和权利要求的权利。申辩权，是指违反治安管理行为人对公安机关的指控、证据等提出不同意见，进行申辩，以正当手段如采取包括要求召开听证会等方式，驳斥公安机关的指控以及驳斥公安机关提出的不利证据的权利。陈述权和申辩权是当事人的重要民主权利，为确保权利的实现，公安机关应当依照法定程序给予当事人行使权利的机会。同时，为了切实维护当事人的权利，消除当事人的顾虑，保证治安管理处罚决定的公正性和合法性，本条还规定公安机关不得因违反治安管理行为人的陈述、申辩而加重处罚。

▶**条文参见**

《公安机关办理行政案件程序规定》第 167－169 条

第九十五条　治安案件的处理

治安案件调查结束后，公安机关应当根据不同情况，分别作出以下处理：

（一）确有依法应当给予治安管理处罚的违法行为的，根据情节轻重及具体情况，作出处罚决定；

（二）依法不予处罚的，或者违法事实不能成立的，作出不予处罚决定；

（三）违法行为已涉嫌犯罪的，移送主管机关依法追究刑事责任；

（四）发现违反治安管理行为人有其他违法行为的，在对违反治安管理行为作出处罚决定的同时，通知有关行政主管部门处理。

▶理解与适用

本条是关于公安机关对治安案件作出不同处理的规定。其中第2项中依法不予处罚的，或者违法事实不能成立的情况主要有这样几种：一是法定不予处罚的，如不满14周岁的人违反治安管理的，精神病人在不能辨认或不能控制自己行为的时候违反治安管理的，不予处罚；二是可以不予处罚的，如盲人或既聋又哑的人违反治安管理情节特别轻微的，可以不予处罚；三是违法事实不能成立的，也就是说如果行为人是否实施违反治安管理的行为不能得到明确而又肯定的认定，根据"疑罪从无"的原则，公安机关应当依法作出不予处罚的决定。在具体的治安案件处理中，还可能会因其刑事责任和行政责任涉及适用其他法律和其他机关的介入，本条对此有明确的规定。

▶条文参见

《公安机关办理行政案件程序规定》第172条

第九十六条 治安管理处罚决定书的内容

公安机关作出治安管理处罚决定的，应当制作治安管理处罚决定书。决定书应当载明下列内容：

（一）被处罚人的姓名、性别、年龄、身份证件的名称和号码、住址；

（二）违法事实和证据；

（三）处罚的种类和依据；

（四）处罚的执行方式和期限；

（五）对处罚决定不服，申请行政复议、提起行政诉讼的途径和期限；

（六）作出处罚决定的公安机关的名称和作出决定的日期。

决定书应当由作出处罚决定的公安机关加盖印章。

▶理解与适用

治安管理处罚决定书是一种法律文书，意味着行政处罚决定的成立。制作治安管理处罚决定书，既是公安机关依法履行治安管理职责的一项权利，同时也是公安机关依法履行治安管理职责时必须履行的一项义务。无论是当场处罚还是依照一般程序作出的处罚，都应当制作行政处罚决定书，且应当交付当事人。本条明确规定了行政处罚决定书应当列明的内容。注意，处罚决定书必须加盖公安机关印章，而不能只有执法人员的签名或盖章。但在本法第 100 条规定的当场处罚的情况下，可由人民警察签名或盖章。

▶条文参见

《公安机关办理行政案件程序规定》第 161 条

第九十七条 宣告、送达、抄送

公安机关应当向被处罚人宣告治安管理处罚决定书，并当场交付被处罚人；无法当场向被处罚人宣告的，应当在二日内送达被处罚人。决定给予行政拘留处罚的，应当及时通知被处罚人的家属。

有被侵害人的，公安机关应当将决定书副本抄送被侵害人。

▶理解与适用

交付和送达是治安管理处罚决定发生效力的前提，未交付和送达的治安管理处罚决定书对被处罚人不具有法律效力。如果当事人对处罚没有异议，则应当按照处罚决定书的要求及时履行；如果对处罚决定不服，则应当按照处罚决定书载明的途径和期限，及时申请行政复议或者提起行政诉讼。处罚决定书应当当场交付，无法当场交付时，应当在 2 日内送达。“当场”是宣布处罚决定的现场，而不仅仅是当场处罚的现场。送达有多种形式，如直接送达、邮寄送达、留置送达、委托送达等。

▶条文参见

《公安机关办理行政案件程序规定》第 36 条

第九十八条 听证

公安机关作出吊销许可证以及处二千元以上罚款的治安管理处罚决定前，应当告知违反治安管理行为人有权要求举行听证；违反治安管理行为人要求听证的，公安机关应当及时依法举行听证。

▶理解与适用

听证程序，是行政机关在作出行政处罚决定之前听取当事人的陈述和申辩，由听证程序参加人就有关问题相互进行质问、辩论和反驳，从而查明事实的过程。听证程序赋予了当事人为自己辩护的权利，为当事人充分维护和保障自己的权益提供了程序上的条件。《行政处罚法》对听证制度作出了明确的规定，行政机关作出责令停产停业、吊销许可证或者执照、较大数额的罚款等行政处罚决定之前，应当告知当事人有要求举行听证的权利；当事人要求听证的，行政机关应当组织听证，当事人不承担行政机关组织听证的费用。

本条规定了治安管理处罚决定之前需要告知当事人听证权利的两种情况：公安机关作出吊销许可证以及处2000元以上罚款的治安管理处罚决定。吊销许可证是指公安机关对违反治安管理的公民、法人或其他组织，依法实行撤销其许可证，剥夺其继续从事某项活动的权利的处罚，其后果是比较严重的，被处罚人被撤销权利后再也不能继续从事此类生产经营活动。为了防止公安机关随意实施吊销许可证的处罚，给许可证持有者造成不必要的损失，本法规定在作出吊销许可证的处罚决定之前，公安机关有告知义务，违反治安管理行为人有要求依法举行听证的权利。违反治安管理行为人要求举行听证的，公安机关有及时举行听证的义务。

▶条文参见

《公安机关办理行政案件程序规定》第123－153条

第九十九条 期限

公安机关办理治安案件的期限，自受理之日起不得超过三十日；案情重大、复杂的，经上一级公安机关批准，可以延长三十日。

为了查明案情进行鉴定的期间，不计入办理治安案件的期限。

▶条文参见

《公安机关执行〈中华人民共和国治安管理处罚法〉有关问题的解释》第12条；《公安机关办理行政案件程序规定》第165条

第一百条 当场处罚

违反治安管理行为事实清楚，证据确凿，处警告或者二百元以下罚款的，可以当场作出治安管理处罚决定。

▶理解与适用

当场处罚，是指人民警察对于违反治安管理行为人不再传唤到公安机关而直接当场作出治安管理处罚决定的一种处罚程序。此制度的意义在于为公安机关及人民警察迅速处理简单治安案件、高效履行治安管理职责、及时维护社会秩序提供了可行的程序。当场处罚的法定条件是：一是证据条件，即违反治安管理行为事实清楚，证据确凿；二是处罚条件，即处警告或者200元以下罚款。只有当这两个条件同时具备时，才“可以”而非“必须”当场处罚。注意，在此种情况下作出的处罚决定书只须由人民警察签名或盖章，不需要按本法第96条的规定由公安机关加盖印章。

第一百零一条 当场处罚决定程序

当场作出治安管理处罚决定的，人民警察应当向违反治安管理行为人出示工作证件，并填写处罚决定书。处罚决定书应当当场交付被处罚人；有被侵害人的，并将决定书副本抄送被侵害人。

前款规定的处罚决定书，应当载明被处罚人的姓名、违法行为、处罚依据、罚款数额、时间、地点以及公安机关名称，并由经办的人民警察签名或者盖章。

当场作出治安管理处罚决定的，经办的人民警察应当在二十四小时内报所属公安机关备案。

▶理解与适用

当场处罚作为处罚程序中的一种简易程序，具有简便、迅速的特点，但仍然应当严格遵循相关的程序要求。本条规定了当场处罚程序中人民警察出示工作证件，填写、当场交付处罚决定书，抄送副本，在决定书上所应载明的内容，以及在规定时间内报所属公安机关备案的程序性要求。

第一百零二条 不服处罚提起的复议或诉讼

被处罚人对治安管理处罚决定不服的，可以依法申请行政复议或者提起行政诉讼。

▶理解与适用

行政处罚并不是终局性的，这已经成为法治国家的一个基本原则。被处罚人对公安机关经过调查所作的处罚决定不服的，可以通过两种途径——行政复议或行政诉讼来主张权利。对行政复议不服的，还可以提起行政诉讼。

行政复议和行政诉讼有各自的一套制度体系。法律对此作出了详尽的规定，具体详细的制度规范请参见《行政复议法》和《行政诉讼法》。

▶条文参见

《行政复议法》；《行政诉讼法》

第三节 执　　行

第一百零三条 行政拘留处罚的执行

对被决定给予行政拘留处罚的人，由作出决定的公安机关送达拘留所执行。

▶条文参见

《公安机关执行〈中华人民共和国治安管理处罚法〉有关问题的解释》第 13 条；《公安机关办理行政案件程序规定》第 164 条

第一百零四条 当场收缴罚款范围

受到罚款处罚的人应当自收到处罚决定书之日起十五日内，到指定的银行缴纳罚款。但是，有下列情形之一的，人民警察可以当场收缴罚款：

（一）被处五十元以下罚款，被处罚人对罚款无异议的；

（二）在边远、水上、交通不便地区，公安机关及其人民警察依照本法的规定作出罚款决定后，被处罚人向指定的银行缴纳罚款确有困难，经被处罚人提出的；

（三）被处罚人在当地没有固定住所，不当场收缴事后难以执行的。

▶理解与适用

本条规定，治安管理处罚案件中罚款决定的执行以罚款决定和执行相分离制度为原则，以当场收缴罚款为例外。从执法成本和方便当事人的角度出发，本条规定在几种法定情形下，人民警察可以当场收缴罚款。

▶条文参见

《公安机关办理行政案件程序规定》第214条

第一百零五条 罚款交纳期限

人民警察当场收缴的罚款，应当自收缴罚款之日起二日内，交至所属的公安机关；在水上、旅客列车上当场收缴的罚款，应当自抵岸或者到站之日起二日内，交至所属的公安机关；公安机关应当自收到罚款之日起二日内将罚款缴付指定的银行。

▶条文参见

《公安机关办理行政案件程序规定》第216条

第一百零六条 罚款收据

人民警察当场收缴罚款的，应当向被处罚人出具省、自治区、直辖市人民政府财政部门统一制发的罚款收据；不出具统一制发的罚款收据的，被处罚人有权拒绝缴纳罚款。

▶条文参见

《公安机关办理行政案件程序规定》第215条

第一百零七条 暂缓执行行政拘留

被处罚人不服行政拘留处罚决定，申请行政复议、提起行政诉讼的，可以向公安机关提出暂缓执行行政拘留的申请。公安机关认为暂缓执行行政拘留不致发生社会危险的，由被处罚人或者其近亲属提出符合本法第一百零八条规定条件的担保人，或者按每日行政拘留二百元的标准交纳保证金，行政拘留的处罚决定暂缓执行。

▶理解与适用

本条是关于被处罚人申请暂缓执行行政拘留的情形的规定。对此，需要满足下列条件：(1) 被处罚人申请暂缓执行的只能是行政拘留的处罚决定，因为这一处罚具有最严厉性和不可挽回性。(2) 被处罚人是在不服行政拘留的行政处罚决定而申请行政复议、提起行政诉讼的情形下提出此申请的。(3) 公安机关认为暂缓执行行政拘留不致发生社会危险。这里的"危险"是指被处罚人可能阻碍、逃避公安机关、行政复议机关或人民法院的传唤、复议、审理、执行的，如逃跑、干扰证人、串供、伪造证据、实施其他违法行为等。(4) 被处罚人或者其近亲属提出符合规定的人保或者保证金。

▶条文参见

《行政复议法》第 42 条；《行政诉讼法》第 56 条；《行政处罚法》第 66 条；《公安机关办理行政案件程序规定》第 222－226 条

第一百零八条 担保人的条件

担保人应当符合下列条件：

（一）与本案无牵连；

（二）享有政治权利，人身自由未受到限制；

（三）在当地有常住户口和固定住所；

（四）有能力履行担保义务。

▶条文参见

《公安机关办理行政案件程序规定》第227条

第一百零九条 担保人的义务

担保人应当保证被担保人不逃避行政拘留处罚的执行。

担保人不履行担保义务，致使被担保人逃避行政拘留处罚的执行的，由公安机关对其处三千元以下罚款。

▶条文参见

《公安机关办理行政案件程序规定》第229－230条

第一百一十条 没收保证金

被决定给予行政拘留处罚的人交纳保证金，暂缓行政拘留后，逃避行政拘留处罚的执行的，保证金予以没收并上缴国库，已经作出的行政拘留决定仍应执行。

▶理解与适用

没收保证金需要符合以下条件：即被决定给予行政拘留处罚的人交纳保证金，暂缓行政拘留后逃避行政拘留处罚的执行。暂缓行政拘留后，被决定给予行政拘留处罚的人逃避行政拘留处罚的执行的，公安机关有权没收保证金并上缴国库。任何单位不得私自扣留。

此外，对保证金予以没收，并不当然免除其行政拘留处罚，已经作出的行政拘留决定仍应执行。即被决定给予行政拘留处罚的人自逃避执行行政拘留之日起，在任何时间，只要被公安机关抓获，仍要执行行政拘留，而没有时限的要求。

▶条文参见

《公安机关办理行政案件程序规定》第233条

第一百一十一条 退还保证金

行政拘留的处罚决定被撤销，或者行政拘留处罚开始执行的，公安机关收取的保证金应当及时退还交纳人。

▶条文参见

《公安机关办理行政案件程序规定》第232条

第五章 执法监督

第一百一十二条 执法原则

公安机关及其人民警察应当依法、公正、严格、高效办理治安案件，文明执法，不得徇私舞弊。

第一百一十三条 禁止行为

公安机关及其人民警察办理治安案件，禁止对违反治安管理行为人打骂、虐待或者侮辱。

▶理解与适用

“对违反治安管理行为人打骂、虐待或者侮辱”是指使用殴打、冻饿、捆绑、强迫超体力劳动、限制自由、罚跪、嘲笑、辱骂等方式，也包括采取长时间强光照射、车轮战术、不间断地讯问等方式以及各种变相体罚、虐待的方法。

第一百一十四条 社会监督

公安机关及其人民警察办理治安案件，应当自觉接受社会和公民的监督。

公安机关及其人民警察办理治安案件，不严格执法或者有违法违纪行为的，任何单位和个人都有权向公安机关或者人民检察院、行政监察机关检举、控告；收到检举、控告的机关，应当依据职责及时处理。

第一百一十五条 罚缴分离原则

公安机关依法实施罚款处罚，应当依照有关法律、行政法规的规定，实行罚款决定与罚款收缴分离；收缴的罚款应当全部上缴国库。

▶条文参见

《罚款决定与罚款收缴分离实施办法》

第一百一十六条　公安机关及其民警的行政责任和刑事责任

人民警察办理治安案件，有下列行为之一的，依法给予行政处分；构成犯罪的，依法追究刑事责任：

（一）刑讯逼供、体罚、虐待、侮辱他人的；

（二）超过询问查证的时间限制人身自由的；

（三）不执行罚款决定与罚款收缴分离制度或者不按规定将罚没的财物上缴国库或者依法处理的；

（四）私分、侵占、挪用、故意损毁收缴、扣押的财物的；

（五）违反规定使用或者不及时返还被侵害人财物的；

（六）违反规定不及时退还保证金的；

（七）利用职务上的便利收受他人财物或者谋取其他利益的；

（八）当场收缴罚款不出具罚款收据或者不如实填写罚款数额的；

（九）接到要求制止违反治安管理行为的报警后，不及时出警的；

（十）在查处违反治安管理活动时，为违法犯罪行为人通风报信的；

（十一）有徇私舞弊、滥用职权，不依法履行法定职责的其他情形的。

办理治安案件的公安机关有前款所列行为的，对直接负责的主管人员和其他直接责任人员给予相应的行政处分。

▶理解与适用

人民警察在办理治安案件的过程中实施上述违法行为的，应当追究的法律责任有两种：行政责任，由所在的公安机关或者上级机关给予行政处分，分为警告、记过、记大过、降级、撤职、开除六种；刑事责任，人民警察违反法律规定实施违法行为，情节严重，构成犯罪的，应当追究刑事责任。

由于公安机关不是自然人，所以对其追究法律责任，是对直接负责的主管人员和其他直接责任人员追究责任，即对实施该违法行为直接负责的主管人员和其他直接责任人员追究责任，并给予相应的行政处分，即给予警告、记过、记大过、降级、撤职、开除的处分。

第一百一十七条 赔偿责任

公安机关及其人民警察违法行使职权，侵犯公民、法人和其他组织合法权益的，应当赔礼道歉；造成损害的，应当依法承担赔偿责任。

▶理解与适用

本条规定的是公安机关及其人民警察行使职权，侵犯公民、法人和其他组织合法权益，造成损害的，应当依法承担赔偿责任，属于行政赔偿的范畴。

需要特别注意的是，《国家赔偿法》于2010年4月29日由第十一届全国人大常委会第十四次会议修订后，删除了原有的申请国家赔偿的“确认违法”程序，而本条中“违法行使职权”的限定，实际上已不符合最新《国家赔偿法》的规定。同时，对于行政赔偿的范围，新法第3条规定：“行政机关及其工作人员在行使行政职权时有下列侵犯人身权情形之一的，受害人有取得赔偿的权利：(一) 违法拘留或者违法采取限制公民人身自由的行政强制措施的；(二) 非法拘禁或者以其他方法非法剥夺公民人身自由的；(三) 以殴打、虐待等行为或者唆使、放纵他人以殴打、虐待等行为造成公民身体伤害或者死亡的；(四) 违法使用武器、警械造成公民身体伤害或者死亡的；(五) 造成公民身体伤害或者死亡的其他违法行为。”

▶条文参见

《国家赔偿法》；《国家赔偿费用管理条例》；《最高人民检察院关于适用修改后〈中华人民共和国国家赔偿法〉若干问题的意见》

第六章　附　　则

第一百一十八条　“以上、以下、以内”的含义

本法所称以上、以下、以内，包括本数。

第一百一十九条　生效日期

本法自 2006 年 3 月 1 日起施行。1986 年 9 月 5 日公布、1994 年 5 月 12 日修订公布的《中华人民共和国治安管理处罚条例》同时废止。

公安机关执行《中华人民共和国治安管理处罚法》有关问题的解释

（2006年1月23日　公通字〔2006〕12号）

根据全国人大常委会《关于加强法律解释工作的决议》的规定，现对公安机关执行《中华人民共和国治安管理处罚法》（以下简称《治安管理处罚法》）的有关问题解释如下：

一、关于治安案件的调解问题。根据《治安管理处罚法》第9条的规定，对因民间纠纷引起的打架斗殴或者损毁他人财物以及其他违反治安管理行为，情节较轻的，公安机关应当本着化解矛盾纠纷、维护社会稳定、构建和谐社会的要求，依法尽量予以调解处理。特别是对因家庭、邻里、同事之间纠纷引起的违反治安管理行为，情节较轻，双方当事人愿意和解的，如制造噪声、发送信息、饲养动物干扰他人正常生活，放任动物恐吓他人、侮辱、诽谤、诬告陷害、侵犯隐私、偷开机动车等治安案件，公安机关都可以调解处理。同时，为确保调解取得良好效果，调解前应当及时依法做深入细致的调查取证工作，以查明事实、收集证据、分清责任。调解达成协议的，应当制作调解书，交双方当事人签字。

二、关于涉外治安案件的办理问题。《治安管理处罚法》第10条第2款规定："对违反治安管理的外国人可以附加适用限期出境、驱逐出境"。对外国人需要依法适用限期出境、驱逐出境处罚的，由承办案件的公安机关逐级上报公安部或者公安部授权的省级人民政府公安机关决定，由承办案件的公安机关执行。对外国人依法决定行政拘留的，由承办案件的县级以上（含县级，下同）公安机关决定，不再报上一级公安机关批准。对外国人依法决定警告、罚款、行政拘留，并附加适用限期出境、驱逐出境处罚的，应当在警告、罚款、行政拘留执行完毕后，再执行限期出境、驱逐出境。

三、关于不予处罚问题。《治安管理处罚法》第12条、第13条、第14条、第19条对不予处罚的情形作了明确规定，公安机关对依法不予处罚的违反治安管理行为人，有违法所得的，应当依法予以追缴；有非法财物的，应当依法予以收缴。

《治安管理处罚法》第22条对违反治安管理行为的追究时效作了明确规定，公安机关对超过追究时效的违反治安管理行为不再处罚，但有违禁品的，应当依法予以收缴。

四、关于对单位违反治安管理的处罚问题。《治安管理处罚法》第 18 条规定，“单位违反治安管理的，对其直接负责的主管人员和其他直接责任人员依照本法的规定处罚。其他法律、行政法规对同一行为规定给予单位处罚的，依照其规定处罚”，并在第 54 条规定可以吊销公安机关发放的许可证。对单位实施《治安管理处罚法》第三章所规定的违反治安管理行为的，应当依法对其直接负责的主管人员和其他直接责任人员予以治安管理处罚；其他法律、行政法规对同一行为明确规定由公安机关给予单位警告、罚款、没收违法所得、没收非法财物等处罚，或者采取责令其限期停业整顿、停业整顿、取缔等强制措施的，应当依照其规定办理。对被依法吊销许可证的单位，应当同时依法收缴非法财物、追缴违法所得。参照刑法的规定，单位是指公司、企业、事业单位、机关、团体。

五、关于不执行行政拘留处罚问题。根据《治安管理处罚法》第 21 条的规定，对“已满十四周岁不满十六周岁的”，“已满十六周岁不满十八周岁，初次违反治安管理的”，“七十周岁以上的”，“怀孕或者哺乳自己不满一周岁婴儿的”违反治安管理行为人，可以依法作出行政拘留处罚决定，但不投送拘留所执行。被处罚人居住地公安派出所应当会同被处罚人所在单位、学校、家庭、居（村）民委员会、未成年人保护组织和有关社会团体进行帮教。上述未成年人、老年人的年龄、怀孕或者哺乳自己不满 1 周岁婴儿的妇女的情况，以其实施违反治安管理行为或者正要执行行政拘留时的实际情况确定，即违反治安管理行为人在实施违反治安管理行为时具有上述情形之一的，或者执行行政拘留时符合上述情形之一的，均不再投送拘留所执行行政拘留。

六、关于取缔问题。根据《治安管理处罚法》第 54 条的规定，对未经许可，擅自经营按照国家规定需要由公安机关许可的行业的，予以取缔。这里的“按照国家规定需要由公安机关许可的行业”，是指按照有关法律、行政法规和国务院决定的有关规定，需要由公安机关许可的旅馆业、典当业、公章刻制业、保安培训业等行业。取缔应当由违反治安管理行为发生地的县级以上公安机关作出决定，按照《治安管理处罚法》的有关规定采取相应的措施，如责令停止相关经营活动、进入无证经营场所进行检查、扣押与案件有关的需要作为证据的物品等。在取缔的同时，应当依法收缴非法财物、追缴违法所得。

七、关于强制性教育措施问题。《治安管理处罚法》第 76 条规定，对有“引诱、容留、介绍他人卖淫”，“制作、运输、复制、出售、出租淫秽的书刊、图片、影片、音像制品等淫秽物品或者利用计算机信息网络、电话以及其他通讯工具传播淫秽信息”，“以营利为目的，为赌博提供条件的，或者参与赌博赌资较大的”行为，“屡教不改的，可以按照国家规定采取强制性教育措施”。这里的“强制性教育措施”目前是指劳动教养①；“按照国家规定”是指按照《治安管理处罚法》和其他有关劳动教养的法律、行政法规的规定；“屡教不改”是指有上述行为被依法判处刑罚执行期满后五年内又实施前述行为之一，或者被依法予以罚款、行政拘留、收容教育②、劳动教养执行期满后三年内实施前述行为之一，情节较重，但尚不够刑事处罚的情形。

八、关于询问查证时间问题。《治安管理处罚法》第 83 条第 1 款规定，“对违反治安管理行为人，公安机关传唤后应当及时询问查证，询问查证的时间不得超过八小时；情况复杂，依照本法规定可能适用行政拘留处罚的，询问查证的时间不得超过二十四小时”。这里的“依照本法规定可能适用行政拘留处罚”，是指本法第三章对行为人实施的违反治安管理行为设定了行政拘留处罚，且根据其行为的性质和情节轻重，可能依法对违反治安管理行为人决定予以行政拘留的案件。

根据《治安管理处罚法》第 82 条和第 83 条的规定，公安机关或者办案部门负责人在审批书面传唤时，可以一并审批询问查证时间。对经过询问查证，属于“情况复杂”，且“依照本法规定可能适用行政拘留处罚”的案件，需要对违反治安管理行为人适用超过 8 小时询问查证时间的，需口头或者书面报经公安机关或者其办案部门负责人批准。对口头报批的，办案民警应当记录在案。

九、关于询问不满 16 周岁的未成年人问题。《治安管理处罚法》第 84 条、第 85 条规定，询问不满 16 周岁的违反治安管理行为人、被侵害人或者其他证人，应当通知其父母或者其他监护人到场。上述人员父母双亡，又没有其他监护人的，因种种原因无法找到其父母或者其他监护人的，以及其父母或者其他监护人收到通知后拒不到场或者不能及时到场的，办案民警应当将有关情况在笔录中注明。为保证询问的合法性和证据的有效性，在被询问人的父母或者其他监护人不能到场时，可以邀请办案地居（村）民委员会的人员，或者被询问人在办案地有完全行为能力的亲友，或者所在学校的教师，或者其他见证人到场。询问笔录应当由办案民警、被询问人、见证人签名或者盖章。有条件的地方，还可以对询问过程进行录音、录像。

十、关于铁路、交通、民航、森林公安机关和海关侦查走私犯罪公安机构以及新疆生产建设兵团公安局的治安管理处罚权问题。《治安管理处罚法》

---

① 2013 年 12 月 28 日通过的《全国人民代表大会常务委员会关于废止有关劳动教养法律规定的决定》废止了劳动教养制度。——编者注。

② 2020 年 7 月 21 日发布的《公安部关于保留废止修改有关收容教育规范性文件的通知》废止了有关收容教育的内容。

第 91 条规定："治安管理处罚由县级以上人民政府公安机关决定；其中警告、五百元以下罚款可以由公安派出所决定。"根据有关法律，铁路、交通、民航、森林公安机关依法负责其管辖范围内的治安管理工作，《中华人民共和国海关行政处罚实施条例》第 6 条赋予了海关侦查走私犯罪公安机构对阻碍海关缉私警察依法执行职务的治安案件的查处权。为有效维护社会治安，县级以上铁路、交通、民航、森林公安机关对其管辖的治安案件，可以依法作出治安管理处罚决定，铁路、交通、民航、森林公安派出所可以作出警告、500 元以下罚款的治安管理处罚决定；海关系统相当于县级以上公安机关的侦查走私犯罪公安机构可以依法查处阻碍缉私警察依法执行职务的治安案件，并依法作出治安管理处罚决定。新疆生产建设兵团系统的县级以上公安局应当视为"县级以上人民政府公安机关"，可以依法作出治安管理处罚决定；其所属的公安派出所可以依法作出警告、500 元以下罚款的治安管理处罚决定。

十一、关于限制人身自由的强制措施折抵行政拘留问题。《治安管理处罚法》第 92 条规定："对决定给予行政拘留处罚的人，在处罚前已经采取强制措施限制人身自由的时间，应当折抵。限制人身自由一日，折抵行政拘留一日。"这里的"强制措施限制人身自由的时间"，包括被行政拘留人在被行政拘留前因同一行为被依法刑事拘留、逮捕时间。如果被行政拘留人被刑事拘留、逮捕的时间已超过被行政拘留的时间的，则行政拘留不再执行，但办案部门必须将《治安管理处罚决定书》送达被处罚人。

十二、关于办理治安案件期限问题。《治安管理处罚法》第 99 条规定："公安机关办理治安案件的期限，自受理之日起不得超过三十日；案情重大、复杂的，经上一级公安机关批准，可以延长三十日。为了查明案情进行鉴定的期间，不计入办理治安案件的期限。"这里的"鉴定期间"，是指公安机关提交鉴定之日起至鉴定机构作出鉴定结论并送达公安机关的期间。公安机关应当切实提高办案效率，保证在法定期限内办结治安案件。对因违反治安管理行为人逃跑等客观原因造成案件不能在法定期限内办结的，公安机关应当继续进行调查取证，及时依法作出处理决定，不能因已超过法定办案期限就不再调查取证。因违反治安管理行为人在逃，导致无法查清案件事实，无法收集足够证据而结不了案的，公安机关应当向被侵害人说明原因。对调解未达成协议或者达成协议后不履行的治安案件的办案期限，应当从调解未达成协议或者达成协议后不履行之日起开始计算。公安派出所承办的案情重大、复杂的案件，需要延长办案期限的，应当报所属县级以上公安机关负责人批准。

十三、关于将被拘留人送达拘留所执行问题。《治安管理处罚法》第 103 条规定："对被决定给予行政拘留处罚的人，由作出决定的公安机关送达拘留所执行。"这里的"送达拘留所执行"，是指作出行政拘留决定的公安机关将被决定行政拘留的人送到拘留所并交付执行，拘留所依法办理入所手续后即为送达。

十四、关于治安行政诉讼案件的出庭应诉问题。《治安管理处罚法》取消了行政复议前置程序。被处罚人对治安管理处罚决定不服的，既可以申请行政复议，也可以直接提起行政诉讼。对未经行政复议和经行政复议决定维持原处罚决定的行政诉讼案件，由作出处罚决定的公安机关负责人和原办案部门的承办民警出庭应诉；对经行政复议决定撤销、变更原处罚决定或者责令被申请人重新作出具体行政行为的行政诉讼案件，由行政复议机关负责人和行政复议机构的承办民警出庭应诉。

十五、关于《治安管理处罚法》的溯及力问题。按照《中华人民共和国立法法》第84条的规定，《治安管理处罚法》不溯及既往。《治安管理处罚法》施行后，对其施行前发生且尚未作出处罚决定的违反治安管理行为，适用《中华人民共和国治安管理处罚条例》；但是，如果《治安管理处罚法》不认为是违反治安管理行为或者处罚较轻的，适用《治安管理处罚法》。

公安机关执行《中华人民共和国治安管理处罚法》有关问题的解释（二）

（2007年1月8日　公通字〔2007〕1号）

为正确、有效地执行《中华人民共和国治安管理处罚法》（以下简称《治安管理处罚法》），根据全国人民代表大会常务委员会《关于加强法律解释工作的决议》的规定，现对公安机关执行《治安管理处罚法》的有关问题解释如下：

一、关于制止违反治安管理行为的法律责任问题

为了免受正在进行的违反治安管理行为的侵害而采取的制止违法侵害行为，不属于违反治安管理行为。但对事先挑拨、故意挑逗他人对自己进行侵害，然后以制止违法侵害为名对他人加以侵害的行为，以及互相斗殴的行为，应当予以治安管理处罚。

二、关于未达目的违反治安管理行为的法律责任问题

行为人为实施违反治安管理行为准备工具、制造条件的，不予处罚。

行为人自动放弃实施违反治安管理行为或者自动有效地防止违反治安管理行为结果发生，没有造成损害的，不予处罚；造成损害的，应当减轻处罚。

行为人已经着手实施违反治安管理行为，但由于本人意志以外的原因而未得逞的，应当从轻处罚、减轻处罚或者不予处罚。

三、关于未达到刑事责任年龄不予刑事处罚的，能否予以治安管理处罚问题

对已满十四周岁不满十六周岁不予刑事处罚的，应当责令其家长或者监护人加以管教；必要时，可以依照《治安管理处罚法》的相关规定予以治安管理处罚，或者依照《中华人民共和国刑法》第十七条的规定予以收容教养。

四、关于减轻处罚的适用问题

违反治安管理行为人具有《治安管理处罚法》第十二条、第十四条、第十九条减轻处罚情节的，按下列规定适用：

（一）法定处罚种类只有一种，在该法定处罚种类的幅度以下减轻处罚；

（二）法定处罚种类只有一种，在该法定处罚种类的幅度以下无法再减轻处罚的，不予处罚；

（三）规定拘留并处罚款的，在法定处罚幅度以下单独或者同时减轻拘留和罚款，或者在法定处罚幅度内单处拘留；

（四）规定拘留可以并处罚款的，在拘留的法定处罚幅度以下减轻处罚；在拘留的法定处罚幅度以下无法再减轻处罚的，不予处罚。

五、关于“初次违反治安管理”的认定问题

《治安管理处罚法》第二十一条第二项规定的“初次违反治安管理”，是指行为人的违反治安管理行为第一次被公安机关发现或者查处。但具有下列情形之一的，不属于“初次违反治安管理”：

（一）曾违反治安管理，虽未被公安机关发现或者查处，但仍在法定追究时效内的；

（二）曾因不满十六周岁违反治安管理，不执行行政拘留的；

（三）曾违反治安管理，经公安机关调解结案的；

（四）曾被收容教养、劳动教养的；

（五）曾因实施扰乱公共秩序，妨害公共安全，侵犯人身权利、财产权利，妨害社会管理的行为被人民法院判处刑罚或者免除刑事处罚的。

六、关于扰乱居（村）民委员会秩序和破坏居（村）民委员会选举秩序行为的法律适用问题

对扰乱居（村）民委员会秩序的行为，应当根据其具体表现形式，如侮辱、诽谤、殴打他人、故意伤害、故意损毁财物等，依照《治安管理处罚法》的相关规定予以处罚。

对破坏居（村）民委员会选举秩序的行为，应当依照《治安管理处罚法》第二十三条第一款第五项的规定予以处罚。

七、关于殴打、伤害特定对象的处罚问题

对违反《治安管理处罚法》第四十三条第二款第二项规定行为的处罚，不要求行为人主观上必须明知殴打、伤害的对象为残疾人、孕妇、不满十四周岁的人或者六十周岁以上的人。

八、关于“结伙”、“多次”、“多人”的认定问题

《治安管理处罚法》中规定的“结伙”是指两人（含两人）以上；“多次”是指三次（含三次）以上；“多人”是指三人（含三人）以上。

九、关于运送他人偷越国（边）境、偷越国（边）境和吸食、注射毒品行为的法律适用问题

对运送他人偷越国（边）境、偷越国（边）境和吸食、注射毒品行为的行政处罚，适用《治安管理处罚法》第六十一条、第六十二条第二款和第七十二条第三项的规定，不再适用全国人民代表大会常务委员会《关于严惩组织、运送他人偷越国（边）境犯罪的补充规定》和《关于禁毒的决定》的规定。

十、关于居住场所与经营场所合一的检查问题

违反治安管理行为人的居住场所与其在工商行政管理部门注册登记的经营场所合一的，在经营时间内对其检查时，应当按照检查经营场所办理相关手续；在非经营时间内对其检查时，应当按照检查公民住所办理相关手续。

十一、关于被侵害人是否有权申请行政复议问题

根据《中华人民共和国行政复议法》第二条的规定，治安案件的被侵害人认为公安机关依据《治安管理处罚法》作出的具体行政行为侵犯其合法权益的，可以依法申请行政复议。

违反公安行政管理行为的名称及其适用意见（节录）

（2020年8月6日　公通字〔2020〕8号）

……

二、治安管理

（二）《中华人民共和国人民警察法》（法律）

21. 非法制造、贩卖、持有、使用警用标志、制式服装、警械、证件（《中华人民共和国人民警察法》第36条，《人民警察制式服装及其标志管理规定》第14条、第15条、第16条，《公安机关警戒带使用管理办法》第10条）

对单位或者个人非法生产、销售人民警察制式服装及其标志的，违法行为名称表述为“非法制造、贩卖警用标志、制式服装”，法律依据适用《中华人民共和国人民警察法》第36条和《人民警察制式服装及其标志管理规定》第14条。对指定生产企业违反规定，超计划生产或者擅自转让生产任务的，违法行为名称表述为“非法制造警用标志、制式服装”，法律依据适用《中华人民共和国人民警察法》第36条和《人民警察制式服装及其标志管理规定》第14条、第15条。对单位或者个人非法持有、使用人民警察制式服装及其标志的，违法行为名称表述为“非法持有、使用警用标志、制式服装”，法律依据适用《中华人民共和国人民警察法》第36条和《人民警察制式服装及其标志管理规定》第16条。

（三）《人民警察制式服装及其标志管理规定》（部门规章）

22. 生产、销售仿制警用制式服装、标志（第17条）

23. 穿着、佩带仿制警用制式服装、标志（第18条）

（四）《中华人民共和国治安管理处罚法》（法律）

24. 扰乱单位秩序（第23条第1款第1项）

《中华人民共和国军事设施保护法》第43条规定援引《中华人民共和国治安管理处罚法》第23条处罚。对《中华人民共和国军事设施保护法》第43条规定的非法进入军事禁区、军事管理区，不听制止的；在军事禁区外围安全控制范围内，或者在没有划入军事禁区、军事管理区的军事设施一定距离内，进行危害军事设施安全和使用效能的活动，不听制止的；在军用机场净空保护区域内，进行影响飞行安全和机场助航设施使用效能的活动，不听制止的；对军事禁区、军事管理区非法进行摄影、摄像、录音、勘察、测量、描绘和记述，不听制止的；其他扰乱军事禁区、军事管理区管理秩序和危害军事设施安全的行为，情节轻微，尚不够刑事处罚的，违法行为名称表述为“扰乱单位秩序”，法律依据适用《中华人民共和国治安管理处罚法》第23条第1款第1项。聚众实施上述行为的，违法行为名称表述为“聚众扰乱单位秩序”，法律依据适用《中华人民共和国治安管理处罚法》第23条第1款第1项和第2款。

25. 扰乱公共场所秩序（第23条第1款第2项）

26. 扰乱公共交通工具上的秩序（第23条第1款第3项）

27. 妨碍交通工具正常行驶（第23条第1款第4项）

28. 破坏选举秩序（第23条第1款第5项）

29. 聚众扰乱单位秩序（第23条第2款）

30. 聚众扰乱公共场所秩序（第23条第2款）

31. 聚众扰乱公共交通工具上的秩序（第23条第2款）

32. 聚众妨碍交通工具正常行驶（第23条第2款）

33. 聚众破坏选举秩序（第23条第2款）

34. 强行进入大型活动场内（第24条第1款第1项）

35. 违规在大型活动场内燃放物品（第24条第1款第2项）

36. 在大型活动场内展示侮辱性物品（第 24 条第 1 款第 3 项）

37. 围攻大型活动工作人员（第 24 条第 1 款第 4 项）

38. 向大型活动场内投掷杂物（第 24 条第 1 款第 5 项）

39. 其他扰乱大型活动秩序的行为（第 24 条第 1 款第 6 项）

40. 虚构事实扰乱公共秩序（第 25 条第 1 项）

对《中华人民共和国消防法》第 62 条第 3 项规定的谎报火警，违法行为名称表述为“虚构事实扰乱公共秩序（谎报火警）”，法律依据适用《中华人民共和国消防法》第 62 条第 3 项和《中华人民共和国治安管理处罚法》第 25 条第 1 项。

41. 投放虚假危险物质（第 25 条第 2 项）

42. 扬言实施放火、爆炸、投放危险物质（第 25 条第 3 项）

43. 寻衅滋事（第 26 条）

44. 组织、教唆、胁迫、诱骗、煽动从事邪教、会道门活动（第 27 条第 1 项）

45. 利用邪教、会道门、迷信活动危害社会（第 27 条第 1 项）

46. 冒用宗教、气功名义危害社会（第 27 条第 2 项）

47. 故意干扰无线电业务正常进行（第 28 条）

《中华人民共和国军事设施保护法》第 44 条规定援引《中华人民共和国治安管理处罚法》第 28 条处罚。对《中华人民共和国军事设施保护法》第 44 条规定的违反国家规定，故意干扰军用无线电设施正常工作的，违法行为名称表述为“故意干扰无线电业务正常进行”，法律依据适用《中华人民共和国治安管理处罚法》第 28 条。

48. 拒不消除对无线电台（站）的有害干扰（第 28 条）

《中华人民共和国军事设施保护法》第 44 条规定援引《中华人民共和国治安管理处罚法》第 28 条处罚。对《中华人民共和国军事设施保护法》第 44 条规定的对军用无线电设施产生有害干扰，拒不按照有关主管部门的要求改正的，违法行为名称表述为“拒不消除对无线电台（站）的有害干扰”，法律依据适用《中华人民共和国治安管理处罚法》第 28 条。

49. 非法侵入计算机信息系统（第 29 条第 1 项）

《计算机信息网络国际联网安全保护管理办法》第 20 条与《中华人民共和国治安管理处罚法》第 29 条第 1 项竞合。对单位未经允许，进入计算机信息网络或者使用计算机信息网络资源，构成违反治安管理行为的，违法行为名称表述为“非法侵入计算机信息系统”。对单位处罚的法律依据适用《计算机信息网络国际联网安全保护管理办法》第 6 条第 1 项和第 20 条，对其直接负责的主管人员和其他直接责任人员处罚的法律依据适用《中华人民共和国治安管理处罚法》第 18 条和第 29 条第 1 项。

50. 非法改变计算机信息系统功能（第 29 条第 2 项）

《计算机信息网络国际联网安全保护管理办法》第 20 条与《中华人民共和国治安管理处罚法》第 29 条第 2 项竞合。对单位未经允许，对计算机信息网络功能进行删除、修改或者增加，构成违反治安管理行为的，违法行为名称表述为“非法改变计算机信息系统功能”。对单位处罚的法律依据适用《计算机信息网络国际联网安全保护管理办法》第 6 条第 2 项和第 20 条，对其直接负责的主管人员和其他直接责任人员处罚的法律依据适用《中华人民共和国治安管理处罚法》第 18 条和第 29 条第 2 项。

51. 非法改变计算机信息系统数据和应用程序（第 29 条第 3 项）

《计算机信息网络国际联网安全保护管理办法》第 20 条与《中华人民共和国治安管理处罚法》第 29 条第 3 项竞合。对单位未经允许，对计算机信息网络中存储、处理或者传输的数据和应用程序进行删除、修改或者增加，构成违反治安管理行为的，违法行为名称表述为“非法改变计算机信息系统数据和应用程序”。对单位处罚的法律依据适用《计算机信息网络国际联网安全保护管理办法》第 6 条第 3 项和第 20 条，对其直接负责的主管人员和其他直接责任人员处罚的法律依据适用《中华人民共和国治安管理处罚法》第 18 条和第 29 条第 3 项。

52. 故意制作、传播计算机破坏性程序影响运行（第 29 条第 4 项）

《计算机信息网络国际联网安全保护管理办法》第 20 条与《中华人民共和国治安管理处罚法》第 29 条第 4 项竞合。对单位故意制作、传播计算机病毒等破坏性程序，构成违反治安管理行为的，违法行为名称表述为“故意制作、传播计算机破坏性程序影响运行”。对单位处罚的法律依据适用《计算机信息网络国际联网安全保护管理办法》第 6 条第 4 项和第 20 条，对其直接负责的主管人员和其他直接责任人员处罚的法律依据适用《中华人民共和国治安管理处罚法》第 18 条和第 29 条第 4 项。

53. 非法制造、买卖、储存、运输、邮寄、携带、使用、提供、处置危险物质（第 30 条）

《民用爆炸物品安全管理条例》第 44 条第 4 款与《中华人民共和国治安管理处罚法》第 30 条竞合。对未经许可购买、运输民用爆炸物品的，违法行为名称表述为“非法购买、运输危险物质（民用爆炸物品）”。对单位处罚的法律依据适用《民用爆炸物品安全管理条例》第 44 条第 4 款，对其直接负责的主管人员和其他直接责任人员处罚的法律依据适用《中华人民共和国治安管理处罚法》第 18 条和第 30 条。对个人未经许可购买、运输民用爆炸物品的，法律依据适用《中华人民共和国治安管理处罚法》第 30 条。

《民用爆炸物品安全管理条例》第 49 条第 3 项、第 4 项与《中华人民共和国治安管理处罚法》第 30 条竞合。对违规储存民用爆炸物品的，违法行为名称表述为“非法储存危险物质（民用爆炸物品）”。对单位处罚的法律依据适用《民用爆炸物品安全管理条例》第 49 条第 3 项或者第 4 项，对其直接负责的主管人员和其他直接责任人员处罚的法律依据适用《中华人民共和国治安管理处罚法》第 18 条和第 30 条。对个人非法储存民用爆炸物品的，法律依据适用《中华人民共和国治安管理处罚法》第 30 条。

《民用爆炸物品安全管理条例》第 51 条与《中华人民共和国治安管理处罚法》第 30 条竞合。对携带民用爆炸物品搭乘公共交通工具或者进入公共场所，邮寄或者在托运的货物、行李、包裹、邮件中夹带民用爆炸物品，违法行为名称表述为“非法携带、邮寄危险物质（民用爆炸物品）”，法律依据适用《中华人民共和国治安管理处罚法》第 30 条和《民用爆炸物品安全管理条例》第 51 条。

对《中华人民共和国消防法》第 62 条第 1 项规定的违反有关消防技术标准和管理规定生产、储存、运输、销售、使用、销毁易燃易爆危险品，违法行为名称表述为“非法制造、买卖、储存、运输、使用、处置危险物质（易燃易爆危险品）”，法律依据适用《中华人民共和国消防法》第 62 条第 1 项和《中华人民共和国治安管理处罚法》第 30 条。

对《中华人民共和国消防法》第 62 条第 2 项规定的非法携带易燃易爆危险品进入公共场所或者乘坐公共交通工具的，违法行为名称表述为“非法携带危险物质（易燃易爆危险品）”，法律依据适用《中华人民共和国消防法》第 62 条第 2 项和《中华人民共和国治安管理处罚法》第 30 条。

《烟花爆竹安全管理条例》第 36 条第 2 款与《中华人民共和国治安管理处罚法》第 30 条竞合。对未经许可经由道路运输烟花爆竹的，违法行为名称表述为“非法运输危险物质（烟花爆竹）”。对单位处罚的法律依据适用《烟花爆竹安全管理条例》第 36 条第 2 款，对其直接负责的主管人员和其他直接责任人员处罚的法律依据适用《中华人民共和国治安管理处罚法》第 18 条和第 30 条。对个人未经许可经由道路运输烟花爆竹的，法律依据适用《中华人民共和国治安管理处罚法》第 30 条。

《烟花爆竹安全管理条例》第 41 条和《中华人民共和国治安管理处罚法》第 30 条竞合。对携带烟花爆竹搭乘公共交通工具的，或者邮寄烟花爆竹以及在托运的行李、包裹、邮件中夹带烟花爆竹的，违法行为名称表述为“非法邮寄、携带危险物质（烟花爆竹）”。情节较轻的，法律依据适用《烟花爆竹安全管理条例》第 41 条；情节较重，构成违反治安管理的，法律依据适用《中华人民共和国治安管理处罚法》第 30 条。

《危险化学品安全管理条例》第 88 条第 4 项和《剧毒化学品购买和公路运输许可证件管理办法》第 20 条、第 21 条第 3 款与《中华人民共和国治安管理处罚法》第 30 条竞合。对未取得或者利用骗取的剧毒化学品道路运输通行证，通过道路运输剧毒化学品的，违法行为名称表述为“非法运输危险物质（剧毒化学品）”。对单位处罚的法律依据相应适用《危险化学品安全管理条例》第 88 条第 4 项和《剧毒化学品购买和公路运输许可证件管理办法》第 20 条，或者《危险化学品安全管理条例》第 88 条第 4 项和《剧毒化学品购买和公路运输许可证件管理办法》第 21 条第 3 款，对其直接负责的主管人员和其他直接责任人员处罚的法律依据适用《中华人民共和国治安管理处罚法》第 18 条和第 30 条。对个人未取得剧毒化学品道路运输通行证经由道路运输剧毒化学品的，法律依据适用《中华人民共和国治安管理处罚法》第 30 条。

《剧毒化学品购买和公路运输许可证件管理办法》第 20 条与《中华人民共和国治安管理处罚法》第 30 条竞合。对未申领剧毒化学品购买凭证〔《国务院关于第五批取消和下放管理层级行政审批项目的决定》（国发〔2010〕21 号）已取消剧毒化学品准购证核发审批〕，擅自购买剧毒化学品的，违法行为名称表述为“非法购买危险物质（剧毒化学品）”。对单位处罚的法律依据适用《剧毒化学品购买和公路运输许可证件管理办法》第 20 条，对其直接负责的主管人员和其他直接责任人员处罚的法律依据适用《中华人民共和国治安管理处罚法》第 18 条和第 30 条。对个人非法购买剧毒化学品的，法律依据适用《中华人民共和国治安管理处罚法》第 30 条。

《放射性物品运输安全管理条例》第 62 条第 1 项与《中华人民共和国治安管理处罚法》第 30 条竞合。未经公安机关批准通过道路运输放射性物品的，违法行为名称表述为“非法运输危险物质（放射性物品）”。对单位处罚的法律依据适用《放射性物品运输安全管理条例》第 62 条第 1 项，对其直接负责的主管人员和其他直接责任人员处罚的法律依据适用《中华人民共和国治安管理处罚法》第 18 条和第 30 条。对个人未经公安机关批准通过道路运输放射性物品的，法律依据适用《中华人民共和国治安管理处罚法》第 30 条。

54. 危险物质被盗、被抢、丢失不报（第 31 条）

《民用爆炸物品安全管理条例》第 50 条第 2 项与《中华人民共和国治安管理处罚法》第 31 条竞合。对民用爆炸物品丢失、被盗、被抢不报的，违法行为名称表述为“危险物质（民用爆炸物品）被盗、被抢、丢失不报”。对单位处罚的法律依据适用《民用爆炸物品安全管理条例》第 50 条第 2 项，对其直接负责的主管人员和其他直接责任人员处罚的法律依据适用《中华人民共和国治安管理处罚法》第 18 条和第 31 条。

《烟花爆竹安全管理条例》第 39 条与《中华人民共和国治安管理处罚法》第 31 条竞合。对生产、经营、使用黑火药、烟火药、引火线的企业，丢失黑火药、烟火药、引火线未及时向当地安全生产监督管理部门和公安部门报告的，违法行为名称表述为“危险物质（烟花爆竹）丢失不报”。对企业主要负责人处罚的法律依据适用《烟花爆竹安全管理条例》第39条，对其直接负责的主管人员和其他直接责任人员处罚的法律依据适用《中华人民共和国治安管理处罚法》第18条和第31条。

《危险化学品安全管理条例》第81条第1款第2项与《中华人民共和国治安管理处罚法》第31条竞合。生产、储存、使用剧毒化学品、易制爆危险化学品的单位发现剧毒化学品、易制爆危险化学品丢失或者被盗，不立即向公安机关报告的，违法行为名称表述为“危险物质被盗、丢失不报”。对单位处罚的法律依据适用《危险化学品安全管理条例》第81条第1款第2项，对其直接负责的主管人员和其他直接责任人员处罚的法律依据适用《中华人民共和国治安管理处罚法》第18条和第31条。

55. 非法携带枪支、弹药、管制器具（第32条）

《中华人民共和国枪支管理法》第44条第1款第2项与《中华人民共和国治安管理处罚法》第32条竞合。对《中华人民共和国枪支管理法》第44条第1款第2项规定的在禁止携带枪支的区域、场所携带枪支的，违法行为名称表述为“非法携带枪支”，法律依据适用《中华人民共和国治安管理处罚法》第32条。

56. 盗窃、损毁公共设施（第33条第1项）

《中华人民共和国军事设施保护法》第45条规定援引《中华人民共和国治安管理处罚法》第33条处罚。对《中华人民共和国军事设施保护法》第45条规定的毁坏边防、海防管控设施以及军事禁区、军事管理区的围墙、铁丝网、界线标志或者其他军事设施的，违法行为名称表述为“损毁公共设施”，法律依据适用《中华人民共和国治安管理处罚法》第33条第1项。

57. 移动、损毁边境、领土、领海标志设施（第33条第2项）

58. 非法进行影响国（边）界线走向的活动（第33条第3项）

59. 非法修建有碍国（边）境管理的设施（第33条第3项）

60. 盗窃、损坏、擅自移动航空设施（第34条第1款）

61. 强行进入航空器驾驶舱（第34条第1款）

62. 在航空器上使用禁用物品（第34条第2款）

63. 盗窃、损毁、擅自移动铁路设施、设备、机车车辆配件、安全标志（第35条第1项）

64. 在铁路线路上放置障碍物（第35条第2项）

65. 故意向列车投掷物品（第35条第2项）

66. 在铁路沿线非法挖掘坑穴、采石取沙（第35条第3项）

67. 在铁路线路上私设道口、平交过道（《中华人民共和国治安管理处罚法》第35条第4项和《中华人民共和国铁路法》第68条）

68. 擅自进入铁路防护网（第36条）

69. 违法在铁路线路上行走坐卧、抢越铁路（第36条）

70. 擅自安装、使用电网（第37条第1项）

71. 安装、使用电网不符合安全规定（第37条第1项）

72. 道路施工不设置安全防护设施（第37条第2项）

73. 故意损毁、移动道路施工安全防护设施（第37条第2项）

74. 盗窃、损毁路面公共设施（第37条第3项）

75. 违规举办大型活动（第38条）

76. 公共场所经营管理人员违反安全规定（第39条）

77. 组织、胁迫、诱骗进行恐怖、残忍表演（第40条第1项）

78. 强迫劳动（第40条第2项）

《中华人民共和国劳动法》第96条第1项与《中华人民共和国治安管理处罚法》第40条第2项竞合。对用人单位以暴力、威胁或者非法限制人身自由的手段强迫劳动的，违法行为名称表述为"强迫劳动"，法律依据适用《中华人民共和国治安管理处罚法》第40条第2项。

79. 非法限制人身自由（第40条第3项）

《保安服务管理条例》第45条第1款第1项与《中华人民共和国治安管理处罚法》第40条第3项竞合。对保安员限制他人人身自由的，违法行为名称表述为"非法限制人身自由"。如果其行为依法应当予以治安管理处罚的，法律依据适用《中华人民共和国治安管理处罚法》第40条第3项。如果其行为情节严重，依法应当吊销保安员证，并应当依法予以治安管理处罚的，法律依据适用《中华人民共和国治安管理处罚法》第40条第3项和《保安服务管理条例》第45条第1款第1项。如果其行为情节轻微，不构成违反治安管理行为，仅应当予以训诫的，法律依据适用《保安服务管理条例》第45条第1款第1项。

《中华人民共和国劳动法》第96条第2项与《中华人民共和国治安管理处罚法》第40条第3项竞合。对用人单位拘禁劳动者的，违法行为名称表述为"非法限制人身自由"，法律依据适用《中华人民共和国治安管理处罚法》第40条第3项。

80. 非法侵入住宅（第40条第3项）

81. 非法搜查身体（第40条第3项）

《保安服务管理条例》第45条第1款第1项与《中华人民共和国治安管理处罚法》第40条第3项竞合。对保安员搜查他人身体的，违法行为名称表述为"非法搜查身体"。如果其行为依法应当予以治安管理处罚的，法律依据适用《中华人民共和国治安管理处罚法》第40条第3项。如果其行为情节严重，依法应当吊销保安员证，并应当依法予以治安管理处罚的，法律依据适用《中华人民共和国治安管理处罚法》第 40 条第 3 项和《保安服务管理条例》第 45 条第 1 款第 1 项。如果其行为情节轻微，不构成违反治安管理行为，仅应当予以训诫的，法律依据适用《保安服务管理条例》第 45 条第 1 款第 1 项。

《中华人民共和国劳动法》第 96 条第 2 项与《中华人民共和国治安管理处罚法》第 40 条第 3 项竞合。对用人单位非法搜查劳动者的，违法行为名称表述为“非法搜查身体”，法律依据适用《中华人民共和国治安管理处罚法》第 40 条第 3 项。

82. 胁迫、诱骗、利用他人乞讨（第 41 条第 1 款）

83. 以滋扰他人的方式乞讨（第 41 条第 2 款）

84. 威胁人身安全（第 42 条第 1 项）

85. 侮辱（第 42 条第 2 项）

《保安服务管理条例》第 45 条第 1 款第 1 项与《中华人民共和国治安管理处罚法》第 42 条第 2 项竞合。对保安员侮辱他人的，违法行为名称表述为“侮辱”。如果其行为依法应当予以治安管理处罚的，法律依据适用《中华人民共和国治安管理处罚法》第 42 条第 2 项。如果其行为情节严重，依法应当吊销保安员证，并应当依法予以治安管理处罚的，法律依据适用《中华人民共和国治安管理处罚法》第 42 条第 2 项和《保安服务管理条例》第 45 条第 1 款第 1 项。如果其行为情节轻微，不构成违反治安管理行为，仅应当予以训诫的，法律依据适用《保安服务管理条例》第 45 条第 1 款第 1 项。

《中华人民共和国劳动法》第 96 条第 2 项与《中华人民共和国治安管理处罚法》第 42 条第 2 项竞合。对用人单位侮辱劳动者的，违法行为名称表述为“侮辱”，法律依据适用《中华人民共和国治安管理处罚法》第 42 条第 2 项。

86. 诽谤（第 42 条第 2 项）

87. 诬告陷害（第 42 条第 3 项）

88. 威胁、侮辱、殴打、打击报复证人及其近亲属（第 42 条第 4 项）

89. 发送信息干扰正常生活（第 42 条第 5 项）

90. 侵犯隐私（第 42 条第 6 项）

《保安服务管理条例》第 45 条第 1 款第 6 项与《中华人民共和国治安管理处罚法》第 42 条第 6 项竞合。对保安员侵犯个人隐私的，违法行为名称表述为“侵犯隐私”。如果其行为依法应当予以治安管理处罚的，法律依据适用《中华人民共和国治安管理处罚法》第 42 条第 6 项。如果其行为情节严重，依法应当吊销保安员证，并应当依法予以治安管理处罚的，法律依据适用《中华人民共和国治安管理处罚法》第 42 条第 6 项和《保安服务管理条例》第 45 条第 1 款第 6 项。如果其行为情节轻微，不构成违反治安管理行为，仅应当予以训诫的，法律依据适用《保安服务管理条例》第 45 条第 1 款第 6 项。

91. 殴打他人（第 43 条第 1 款）

《保安服务管理条例》第 45 条第 1 款第 1 项与《中华人民共和国治安管理处罚法》第 43 条第 1 款竞合。对保安员殴打他人的，违法行为名称表述为“殴打他人”。如果其行为依法应当予以治安管理处罚，法律依据适用《中华人民共和国治安管理处罚法》第 43 条第 1 款。如果其行为情节严重，依法应当吊销保安员证，并应当依法予以治安管理处罚的，法律依据适用《中华人民共和国治安管理处罚法》第 43 条第 1 款和《保安服务管理条例》第 45 条第 1 款第 1 项；有法定加重情节的，法律依据适用《中华人民共和国治安管理处罚法》第 43 条第 2 款和《保安服务管理条例》第 45 条第 1 款第 1 项。如果其行为情节轻微，不构成违反治安管理行为，仅应当予以训诫的，法律依据适用《保安服务管理条例》第 45 条第 1 款第 1 项。

《中华人民共和国劳动法》第 96 条第 2 项与《中华人民共和国治安管理处罚法》第 43 条第 1 款竞合。对用人单位体罚、殴打劳动者的，违法行为名称表述为“殴打他人”，法律依据适用《中华人民共和国治安管理处罚法》第 43 条第 1 款。

92. 故意伤害（第 43 条第 1 款）

93. 猥亵（第 44 条）

94. 在公共场所故意裸露身体（第 44 条）

95. 虐待（第 45 条第 1 项）

96. 遗弃（第 45 条第 2 项）

97. 强迫交易（第 46 条）

98. 煽动民族仇恨、民族歧视（第 47 条）

99. 刊载民族歧视、侮辱内容（第 47 条）

100. 冒领、隐匿、毁弃、私自开拆、非法检查他人邮件（第 48 条）

对冒领、隐匿、毁弃、私自开拆、非法检查他人快件，尚不构成犯罪的，违法行为名称表述为“冒领、隐匿、毁弃、私自开拆、非法检查他人邮件”，法律依据适用《快递暂行条例》第 42 条第 1 款和《中华人民共和国治安管理处罚法》第 48 条。

101. 盗窃（第 49 条）

102. 诈骗（第 49 条）

103. 哄抢（第 49 条）

104. 抢夺（第 49 条）

105. 敲诈勒索（第 49 条）

106. 故意损毁财物（第 49 条）

107. 拒不执行紧急状态下的决定、命令（第 50 条第 1 款第 1 项）

108. 阻碍执行职务（第 50 条第 1 款第 2 项）

《保安服务管理条例》第 45 条第 1 款第 3 项与《中华人民共和国治安管理处罚法》第 50 条第 1 款第 2 项竞合。对保安员阻碍依法执行公务，违法行为名称表述为“阻碍执行职务”。如果其行为依法应当予以治安管理处罚的，法律依据适用《中华人民共和国治安管理处罚法》第 50 条第 1 款第 2 项。如果其行为情节严重，依法应当吊销保安员证，并应当依法予以治安管理处罚的，法律依据适用《中华人民共和国治安管理处罚法》第 50 条第 1 款第 2 项和《保安服务管理条例》第 45 条第 1 款第 3 项。如果其行为情节轻微，不构成违反治安管理行为，仅应当予以训诫的，法律依据适用《保安服务管理条例》第 45 条第 1 款第 3 项。

对阻碍消防救援机构的工作人员依法执行职务，尚不够刑事处罚的，违法行为名称表述为“阻碍执行职务”，法律依据适用《中华人民共和国消防法》第 62 条第 5 项和《中华人民共和国治安管理处罚法》第 50 条第 1 款第 2 项。

对阻碍国家情报工作机构及其工作人员依法开展情报工作，尚不够刑事处罚的，违法行为名称及法律适用规范按照本意见第 777 条的规定执行。

109. 阻碍特种车辆通行（第 50 条第 1 款第 3 项）

对阻碍消防车、消防艇执行任务的，违法行为名称表述为“阻碍特种车辆通行（消防车、消防艇）”，法律依据适用《中华人民共和国消防法》第 62 条第 4 项和《中华人民共和国治安管理处罚法》第 50 条第 1 款第 3 项。

110. 冲闯警戒带、警戒区（第 50 条第 1 款第 4 项）

111. 招摇撞骗（第 51 条第 1 款）

112. 伪造、变造、买卖公文、证件、证明文件、印章（第 52 条第 1 项）

《报废机动车回收管理办法》第 20 条第 1 款第 1 项与《中华人民共和国治安管理处罚法》第 52 条第 1 项竞合。对买卖、伪造、变造报废机动车回收证明的，违法行为名称表述为“伪造、变造、买卖证明文件（报废机动车回收证明）”，处罚的法律依据适用《中华人民共和国治安管理处罚法》第 52 条第 1 项和《报废机动车回收管理办法》第 20 条第 1 款第 1 项。

113. 买卖、使用伪造、变造的公文、证件、证明文件（第 52 条第 2 项）

114. 伪造、变造、倒卖有价票证、凭证（第 52 条第 3 项）

115. 伪造、变造船舶户牌（第 52 条第 4 项）

116. 买卖、使用伪造、变造的船舶户牌（第 52 条第 4 项）

117. 涂改船舶发动机号码（第 52 条第 4 项）

118. 驾船擅自进入、停靠国家管制的水域、岛屿（第 53 条）

《沿海船舶边防治安管理规定》第 28 条第 1 项与《中华人民共和国治安

管理处罚法》第53条竞合。对沿海船舶非法进入国家禁止或者限制进入的海域或者岛屿的，违法行为名称表述为“驾船擅自进入国家管制的水域、岛屿”，法律依据适用《中华人民共和国治安管理处罚法》第53条。

119. 非法以社团名义活动（第54条第1款第1项）

120. 以被撤销登记的社团名义活动（第54条第1款第2项）

121. 未获公安许可擅自经营（第54条第1款第3项）

《旅馆业治安管理办法》第15条与《中华人民共和国治安管理处罚法》第54条第1款第3项、第2款竞合。对未经公安机关许可开办旅馆的，违法行为名称表述为“未获公安许可擅自经营（旅馆）”，法律依据适用《中华人民共和国治安管理处罚法》第54条第1款第3项、第2款和《旅馆业治安管理办法》第4条。

《保安服务管理条例》第41条与《中华人民共和国治安管理处罚法》第54条第1款第3项、第2款竞合。对未经许可从事保安服务的，违法行为名称表述为“未获公安许可擅自经营（保安服务）”，法律依据适用《中华人民共和国治安管理处罚法》第54条第1款第3项、第2款以及《保安服务管理条例》第9条和第41条。对未经许可从事保安培训的，违法行为名称表述为“未获公安许可擅自经营（保安培训）”，法律依据适用《中华人民共和国治安管理处罚法》第54条第1款第3项、第2款以及《保安服务管理条例》第33条和第41条。

122. 煽动、策划非法集会、游行、示威（第55条）

123. 不按规定登记住宿旅客信息（第56条第1款）

124. 不制止住宿旅客带入危险物质（第56条第1款）

125. 明知住宿旅客是犯罪嫌疑人不报（第56条第2款）

126. 将房屋出租给无身份证件人居住（第57条第1款）

127. 不按规定登记承租人信息（第57条第1款）

128. 明知承租人利用出租屋犯罪不报（第57条第2款）

129. 制造噪声干扰正常生活（第58条）

130. 违法承接典当物品（第59条第1项）

131. 典当发现违法犯罪嫌疑人、赃物不报（第59条第1项）

《典当管理办法》第66条第1款与《中华人民共和国治安管理处罚法》第59条第1项竞合。对典当行发现公安机关通报协查的人员或者赃物不向公安机关报告的，违法行为名称表述为“典当发现违法犯罪嫌疑人、赃物不报”。对典当行处罚的法律依据适用《典当管理办法》第27条和第52条及第66条第1款，对其直接负责的主管人员和其他直接责任人员处罚的法律依据适用《中华人民共和国治安管理处罚法》第18条和第59条第1项。对典当行工作人员发现违法犯罪嫌疑人、赃物不向公安机关报告的，法律依据适用《中华人民共和国治安管理处罚法》第 59 条第 1 项。

132. 违法收购废旧专用器材（第 59 条第 2 项）

133. 收购赃物、有赃物嫌疑的物品（第 59 条第 3 项）

134. 收购国家禁止收购的其他物品（第 59 条第 4 项）

135. 隐藏、转移、变卖、损毁依法扣押、查封、冻结的财物（第 60 条第 1 项）

136. 伪造、隐匿、毁灭证据（第 60 条第 2 项）

137. 提供虚假证言（第 60 条第 2 项）

138. 谎报案情（第 60 条第 2 项）

139. 窝藏、转移、代销赃物（第 60 条第 3 项）

对机动车修理企业和个体工商户明知是盗窃、抢劫所得机动车而予以拆解、改装、拼装、倒卖的，对其直接负责的主管人员和其他直接责任人员处罚的法律依据适用《中华人民共和国治安管理处罚法》第 18 条和第 60 条第 3 项以及《机动车修理业、报废机动车回收业治安管理办法》第 15 条。

对报废机动车回收企业明知或者应当知道回收的机动车为赃物或者用于盗窃、抢劫等犯罪活动的犯罪工具，未向公安机关报告，擅自拆解、改装、拼装、倒卖该机动车的，对其直接负责的主管人员和其他直接责任人员处罚的法律依据适用《中华人民共和国治安管理处罚法》第 18 条和第 60 条第 3 项以及《报废机动车回收管理办法》第 20 条第 1 款第 2 项。

140. 违反监督管理规定（第 60 条第 4 项）

141. 协助组织、运送他人偷越国（边）境（第 61 条）

142. 为偷越国（边）境人员提供条件（第 62 条第 1 款）

143. 偷越国（边）境（第 62 条第 2 款）

144. 故意损坏文物、名胜古迹（第 63 条第 1 项）

145. 违法实施危及文物安全的活动（第 63 条第 2 项）

146. 偷开机动车（第 64 条第 1 项）

147. 无证驾驶、偷开航空器、机动船舶（第 64 条第 2 项）

《沿海船舶边防治安管理规定》第 29 条第 2 项规定的“偷开他人船舶”，与《中华人民共和国治安管理处罚法》第 64 条第 2 项规定的“偷开机动船舶”竞合。对偷开他人船舶的，法律依据适用《中华人民共和国治安管理处罚法》第 64 条第 2 项。

148. 破坏、污损坟墓（第 65 条第 1 项）

149. 毁坏、丢弃尸骨、骨灰（第 65 条第 1 项）

150. 违法停放尸体（第 65 条第 2 项）

151. 卖淫（第 66 条第 1 款）

152. 嫖娼（第 66 条第 1 款）

153. 拉客招嫖（第66条第2款）

154. 引诱、容留、介绍卖淫（第67条）

155. 制作、运输、复制、出售、出租淫秽物品（第68条）

156. 传播淫秽信息（第68条）

157. 组织播放淫秽音像（第69条第1款第1项）

158. 组织淫秽表演（第69条第1款第2项）

159. 进行淫秽表演（第69条第1款第2项）

160. 参与聚众淫乱（第69条第1款第3项）

161. 为淫秽活动提供条件（第69条第2款）

162. 为赌博提供条件（第70条）

163. 赌博（第70条）

164. 非法种植毒品原植物（第71条第1款第1项）

165. 非法买卖、运输、携带、持有毒品原植物种苗（第71条第1款第2项）

166. 非法运输、买卖、储存、使用罂粟壳（第71条第1款第3项）

167. 非法持有毒品（第72条第1项）

168. 提供毒品（第72条第2项）

169. 吸毒（第72条第3项）

170. 胁迫、欺骗开具麻醉药品、精神药品（第72条第4项）

171. 教唆、引诱、欺骗吸毒（第73条）

172. 为吸毒、赌博、卖淫、嫖娼人员通风报信（第74条）

173. 饲养动物干扰正常生活（第75条第1款）

174. 放任动物恐吓他人（第75条第1款）

175. 担保人不履行担保义务（第109条第2款）

（五）《中华人民共和国国旗法》（法律）

176. 侮辱国旗（第19条）

（六）《中华人民共和国国徽法》（法律）

177. 侮辱国徽（第13条）

（七）《中华人民共和国国歌法》（法律）

178. 侮辱国歌（第15条）

（八）《全国人民代表大会常务委员会关于惩治破坏金融秩序犯罪的决定》（法律）

179. 出售、购买、运输假币（第2条第1款和第21条）

对“出售、运输伪造、变造的人民币”的，法律依据适用《中华人民共和国中国人民银行法》第42条。

180. 金融工作人员购买假币、以假币换取货币（第2条第2款和第21条）

181. 持有、使用假币（第4条和第21条）

对“购买、持有、使用伪造、变造的人民币”的，法律依据适用《中华人民共和国中国人民银行法》第43条。

182. 变造货币（第5条和第21条）

对“变造人民币”的，法律依据适用《中华人民共和国中国人民银行法》第42条。

183. 伪造、变造金融票证（第11条和第21条）

184. 金融票据诈骗（第12条和第21条）

185. 信用卡诈骗（第14条和第21条）

186. 保险诈骗（第16条和第21条）

(九)《中华人民共和国中国人民银行法》(法律)

187. 伪造人民币（第42条）

188. 变造人民币（第42条）

189. 出售、运输伪造、变造的人民币（第42条）

190. 购买、持有、使用伪造、变造的人民币（第43条）

(十)《中华人民共和国人民币管理条例》(行政法规)

191. 故意毁损人民币（第42条）

(十一)《全国人民代表大会常务委员会关于惩治虚开、伪造和非法出售增值税专用发票犯罪的决定》(法律)

192. 伪造、出售伪造的增值税专用发票（第2条第1款和第11条）

193. 非法出售增值税专用发票（第3条和第11条）

194. 非法购买增值税专用发票（第4条第1款和第11条）

195. 购买伪造的增值税专用发票（第4条第1款和第11条）

196. 非法制造、出售非法制造的可以用于骗取出口退税、抵扣税款的其他发票（第6条第1款和第11条）

197. 非法制造、出售非法制造的发票（第6条第2款和第11条）

198. 非法出售可以用于骗取出口退税、抵扣税款的其他发票（第6条第3款和第11条）

199. 非法出售发票（第6条第4款和第11条）

“非法制造、出售非法制造的发票”“非法出售发票”中的“发票”，是指用于骗取出口退税、抵扣税款的发票以外的发票。

(十二)《全国人民代表大会常务委员会关于严禁卖淫嫖娼的决定》(法律)

200. 放任卖淫、嫖娼活动（第7条）

(十三)《中华人民共和国集会游行示威法》(法律)

201. 非法集会、游行、示威（第28条第2款第1项、第2项）

202. 破坏集会、游行、示威（第 30 条）

（十四）《中华人民共和国居民身份证法》（法律）

203. 骗领居民身份证（第 16 条第 1 项）

204. 出租、出借、转让居民身份证（第 16 条第 2 项）

205. 非法扣押居民身份证（第 16 条第 3 项）

对保安员扣押他人居民身份证的，违法行为名称表述为“非法扣押居民身份证”，法律依据适用《保安服务管理条例》第 45 条第 1 款第 2 项。

206. 冒用居民身份证（第 17 条第 1 款第 1 项）

207. 使用骗领的居民身份证（第 17 条第 1 款第 1 项）

208. 购买、出售、使用伪造、变造的居民身份证（第 17 条第 1 款第 2 项）

209. 泄露公民个人信息（第 19 条第 1. 2 款）

对国家机关或者金融、电信、交通、教育、医疗等单位的工作人员泄露公民个人信息的，法律依据适用《中华人民共和国居民身份证法》第 19 条第 1 款；对单位泄露公民个人信息的，对其直接负责的主管人员和其他直接责任人员的处罚，法律依据适用《中华人民共和国居民身份证法》第 19 条第 2 款。

（十五）《居住证暂行条例》（行政法规）

210. 使用虚假证明材料骗领居住证（第 18 条第 1 项）

211. 出租、出借、转让居住证（第 18 条第 2 项）

212. 非法扣押他人居住证（第 18 条第 3 项）

213. 冒用他人居住证（第 19 条第 1 款第 1 项）

214. 使用骗领的居住证（第 19 条第 1 款第 1 项）

215. 购买、出售、使用伪造、变造的居住证（第 19 条第 1 款第 2 项）

（十六）《中华人民共和国枪支管理法》（法律）

216. 违规制造、销（配）售枪支（第 40 条）

对“超过限额或者不按照规定的品种制造枪支”的，违法行为名称表述为“违规制造枪支”，法律依据适用《中华人民共和国枪支管理法》第 40 条第 1 项；对“制造无号、重号、假号的枪支”的，违法行为名称表述为“违规制造枪支”，法律依据适用《中华人民共和国枪支管理法》第 40 条第 2 项。

对“超过限额或者不按照规定的品种配售枪支”的，违法行为名称表述为“违规配售枪支”，法律依据适用《中华人民共和国枪支管理法》第 40 条第 1 项；对“私自销售枪支”“在境内销售为出口制造的枪支”的，违法行为名称表述为“违规销售枪支”，法律依据适用《中华人民共和国枪支管理法》第 40 条第 3 项。

217. 违规运输枪支（第 42 条）

218. 非法出租、出借枪支（第 43 条第 5 款）

219. 未按规定标准制造民用枪支（第 44 条第 1 款第 1 项和第 2 款）

《中华人民共和国枪支管理法》第 44 条第 1 款第 2 项规定的在禁止携带枪支的区域、场所携带枪支的，违法行为名称及法律适用规范按照本意见第 55 条的规定执行。

220. 不上缴报废枪支（第 44 条第 1 款第 3 项和第 2 款）

221. 丢失枪支不报（第 44 条第 1 款第 4 项）

222. 制造、销售仿真枪（第 44 条第 1 款第 5 项和第 2 款）

（十七）《中华人民共和国教育法》（法律）

223. 组织作弊（第 80 条第 1 项）

224. 为作弊提供帮助、便利（第 80 条第 2 项）

225. 代替他人参加考试（第 80 条第 3 项）

226. 泄露、传播考试试题、答案（第 80 条第 4 项）

227. 其他扰乱考试秩序的行为（第 80 条第 5 项）

（十八）《民用爆炸物品安全管理条例》（行政法规）

228. 未经许可从事爆破作业（第 44 条第 4 款）

对《民用爆炸物品安全管理条例》第 44 条第 4 款规定的未经许可购买、运输民用爆炸物品的，违法行为名称及法律适用规范按照本意见第 53 条的规定执行。

229. 未按规定对民用爆炸物品做出警示、登记标识（第 46 条第 1 项）

230. 未按规定对雷管编码打号（第 46 条第 1 项）

231. 超出许可购买民用爆炸物品（第 46 条第 2 项）

232. 使用现金、实物交易民用爆炸物品（第 46 条第 3 项）

233. 销售民用爆炸物品未按规定保存交易证明材料（第 46 条第 4 项）

234. 销售、购买、进出口民用爆炸物品未按规定备案（第 46 条第 5 项）

235. 未按规定建立民用爆炸物品登记制度（第 46 条第 6 项、第 48 条第 1 款第 3 项、第 49 条第 2 项）

对未如实将本单位生产、销售、购买、运输、储存、使用民用爆炸物品的品种、数量和流向信息输入计算机系统的，违法行为名称表述为“未按规定建立民用爆炸物品登记制度”，法律依据适用《民用爆炸物品安全管理条例》第 46 条第 6 项；对爆破作业单位未按规定建立民用爆炸物品领取登记制度、保存领取登记记录的，违法行为名称表述为“未按规定建立民用爆炸物品登记制度”，法律依据适用《民用爆炸物品安全管理条例》第 48 条第 1 款第 3 项；对未按规定建立出入库检查、登记制度或者收存和发放民用爆炸物品，致使账物不符的，违法行为名称表述为“未按规定建立民用爆炸物品登记制度”，法律依据适用《民用爆炸物品安全管理条例》第 49 条第 2 项。

236. 未按规定核销民用爆炸物品运输许可证（第 46 条第 7 项）

237. 违反许可事项运输民用爆炸物品（第 47 条第 1 项）

238. 未携带许可证运输民用爆炸物品（第 47 条第 2 项）

239. 违规混装民用爆炸物品（第 47 条第 3 项）

240. 民用爆炸物品运输车辆未按规定悬挂、安装警示标志（第 47 条第 4 项）

241. 违反行驶、停靠规定运输民用爆炸物品（第 47 条第 5 项）

242. 装载民用爆炸物品的车厢载人（第 47 条第 6 项）

243. 运输民用爆炸物品发生危险未处置、不报告（第 47 条第 7 项）

244. 未按资质等级从事爆破作业（第 48 条第 1 款第 1 项）

245. 营业性爆破作业单位跨区域作业未报告（第 48 条第 1 款第 2 项）

246. 违反标准实施爆破作业（第 48 条第 1 款第 4 项）

对爆破作业人员违反国家有关标准和规范的规定实施爆破作业，情节严重，依法应当吊销爆破作业人员许可证的，违法行为名称表述为“违反标准实施爆破作业”，法律依据适用《民用爆炸物品安全管理条例》第 48 条第 1 款第 4 项和第 2 款。

247. 未按规定设置民用爆炸物品专用仓库技术防范设施（第 49 条第 1 项）

对《民用爆炸物品安全管理条例》第 49 条第 3 项、第 4 项规定的超量储存、在非专用仓库储存或者违反储存标准和规范储存民用爆炸物品以及其他违反规定储存民用爆炸物品的，违法行为名称及法律适用规范按照本意见第 53 条的规定执行。

248. 违反制度致使民用爆炸物品丢失、被盗、被抢（第 50 条第 1 项）

对《民用爆炸物品安全管理条例》第 50 条第 2 项规定的民用爆炸物品丢失、被盗、被抢不报的，违法行为名称及法律适用规范按照本意见第 54 条的规定执行。

249. 非法转让、出借、转借、抵押、赠送民用爆炸物品（第 50 条第 3 项）

对《民用爆炸物品安全管理条例》第 51 条规定的携带民用爆炸物品搭乘公共交通工具或者进入公共场所，邮寄或者在托运的货物、行李、包裹、邮件中夹带民用爆炸物品，尚不构成犯罪的，违法行为名称及法律适用规范按照本意见第 53 条的规定执行。

250. 未履行民用爆炸物品安全管理责任（第 52 条）

（十九）《烟花爆竹安全管理条例》（行政法规）

对《烟花爆竹安全管理条例》第 36 条第 2 款规定的未经许可经由道路

运输烟花爆竹的，违法行为名称及法律适用规范按照本意见第 53 条的规定执行。

对《烟花爆竹安全管理条例》第 39 条规定的生产、经营、使用黑火药、烟火药、引火线的企业，丢失黑火药、烟火药、引火线未及时报告的，违法行为名称及法律适用规范按照本意见第 54 条的规定执行。

251. 违反许可事项经道路运输烟花爆竹（第 40 条第 1 项）

252. 未携带许可证经道路运输烟花爆竹（第 40 条第 2 项）

253. 烟花爆竹道路运输车辆未按规定悬挂、安装警示标志（第 40 条第 3 项）

254. 未按规定装载烟花爆竹（第 40 条第 4 项）

255. 装载烟花爆竹的车厢载人（第 40 条第 5 项）

256. 烟花爆竹运输车辆超速行驶（第 40 条第 6 项）

257. 烟花爆竹运输车辆经停无人看守（第 40 条第 7 项）

258. 未按规定核销烟花爆竹道路运输许可证（第 40 条第 8 项）

对《烟花爆竹安全管理条例》第 41 条规定的携带烟花爆竹搭乘公共交通工具，或者邮寄烟花爆竹以及在托运的行李、包裹、邮件中夹带烟花爆竹的，违法行为名称及法律适用规范按照本意见第 53 条的规定执行。

259. 非法举办大型焰火燃放活动（第 42 条第 1 款）

260. 违规从事燃放作业（第 42 条第 1 款）

261. 违规燃放烟花爆竹（第 42 条第 2 款）

（二十）《危险化学品安全管理条例》（行政法规）

262. 剧毒化学品、易制爆危险化学品专用仓库未按规定设置技术防范设施（第 78 条第 2 款）

263. 未如实记录剧毒化学品、易制爆危险化学品数量、流向（第 81 条第 1 款第 1 项）

对《危险化学品安全管理条例》第 81 条第 1 款第 2 项规定的发现剧毒化学品、易制爆危险化学品丢失或者被盗，不立即向公安机关报告的，违法行为名称及法律适用规范按照本意见第 54 条的规定执行。

264. 储存剧毒化学品未备案（第 81 条第 1 款第 3 项）

265. 未如实记录剧毒化学品、易制爆危险化学品购买信息（《危险化学品安全管理条例》第 81 条第 1 款第 4 项和《剧毒化学品购买和公路运输许可证件管理办法》第 23 条第 2 款）

266. 未按规定期限保存剧毒化学品、易制爆危险化学品销售记录、材料（第 81 条第 1 款第 4 项）

267. 未按规定期限备案剧毒化学品、易制爆危险化学品销售、购买信息（第 81 条第 1 款第 5 项）

268. 转让剧毒化学品、易制爆危险化学品不报（第 81 条第 1 款第 6 项）

269. 转产、停产、停业、解散未备案处置方案（第 82 条第 2 款）

270. 单位未经许可购买剧毒化学品、易制爆危险化学品（第 84 条第 2 款）

271. 个人非法购买剧毒化学品、易制爆危险化学品（第 84 条第 2 款）

272. 单位非法出借、转让剧毒化学品、易制爆危险化学品（第 84 条第 3 款）

273. 违反核定载质量运输危险化学品（第 88 条第 1 项）

274. 使用不符合安全标准车辆运输危险化学品（第 88 条第 2 项）

275. 道路运输危险化学品擅自进入限制通行区域（第 88 条第 3 项）

《危险化学品安全管理条例》第 88 条第 4 项规定的非法运输剧毒化学品的违法行为名称及法律适用规范按照本意见第 53 条的规定执行。

276. 未按规定悬挂、喷涂危险化学品警示标志（第 89 条第 1 项）

277. 不配备危险化学品押运人员（第 89 条第 2 项）

278. 道路运输剧毒化学品、易制爆危险化学品长时间停车不报（第 89 条第 3 项）

279. 剧毒化学品、易制爆危险化学品运输途中丢失、被盗、被抢、流散、泄露未采取有效警示和安全措施（第 89 条第 4 项）

280. 剧毒化学品、易制爆危险化学品运输途中流散、泄露不报（第 89 条第 4 项）

281. 伪造、变造、出租、出借、转让剧毒化学品许可证件（第 93 条第 2 款）

282. 使用伪造、变造的剧毒化学品许可证件（第 93 条第 2 款）

《危险化学品安全管理条例》第 93 条第 2 款与《中华人民共和国治安管理处罚法》第 52 条第 1 项、第 2 项竞合。对单位伪造、变造剧毒化学品许可证件或者使用伪造、变造的剧毒化学品许可证件的，法律依据适用《危险化学品安全管理条例》第 93 条第 2 款，对其直接负责的主管人员和其他直接责任人员处罚的，法律依据适用《中华人民共和国治安管理处罚法》第 18 条和第 52 条第 1 项、第 2 项。对个人伪造、变造剧毒化学品许可证件或者使用伪造、变造的剧毒化学品许可证件的，法律依据适用《中华人民共和国治安管理处罚法》第 52 条第 1 项、第 2 项。

（二十一）《剧毒化学品购买和公路运输许可证件管理办法》（部门规章）

《剧毒化学品购买和公路运输许可证件管理办法》第 20 条规定的未经许可购买、通过公路运输剧毒化学品的，违法行为名称及法律适用规范按照本意见第 53 条的规定执行。

283. 非法获取剧毒化学品购买、公路运输许可证件（第 21 条第 1 款）

284. 未按规定更正剧毒化学品购买许可证件回执填写错误（第 23 条第 1 款）

285. 未携带许可证经公路运输剧毒化学品（第 24 条第 1 款）

286. 违反许可事项经公路运输剧毒化学品（第 24 条第 2 款）

对违反许可事项通过公路运输剧毒化学品，尚未造成严重后果的，对单位处罚的法律依据适用《剧毒化学品购买和公路运输许可证件管理办法》第 24 条第 2 款，对其直接负责的主管人员和其他直接责任人员处罚的法律依据适用《中华人民共和国治安管理处罚法》第 18 条和第 30 条。

287. 未按规定缴交剧毒化学品购买证件回执（第 25 条第 1 项）

288. 未按规定缴交剧毒化学品公路运输通行证件（第 25 条第 2 项）

289. 未按规定缴交剧毒化学品购买凭证、凭证存根（第 25 条第 3 项）

290. 未按规定作废、缴交填写错误的剧毒化学品购买凭证（第 25 条第 4 项）

（二十二）《易制爆危险化学品治安管理办法》（部门规章）

291. 未按规定建立易制爆危险化学品信息系统（第 6 条第 1 款和第 36 条）

292. 违规在互联网发布易制爆危险化学品信息（第 23 条、第 24 条和第 42 条）

（二十三）《危险货物道路运输安全管理办法》（部门规章）

293. 未携带许可证明经道路运输放射性物品（第 71 条第 4 项）

（二十四）《放射性物品运输安全管理条例》（行政法规）

《放射性物品运输安全管理条例》第 62 条第 1 项规定的未经许可通过道路运输放射性物品的违法行为名称及法律适用规范按照本意见第 53 条的规定执行。

294. 放射性物品运输车辆违反行驶规定（第 62 条第 2 项）

295. 放射性物品运输车辆未悬挂警示标志（第 62 条第 2 项）

296. 道路运输放射性物品未配备押运人员（第 62 条第 3 项）

297. 道路运输放射性物品脱离押运人员监管（第 62 条第 3 项）

（二十五）《中华人民共和国民用航空安全保卫条例》（行政法规）

298. 装载未采取安全措施的物品（第 24 条第 4 项和第 35 条第 1 项）

299. 违法交运、捎带他人货物（第 24 条第 3 项和第 35 条第 2 项）

300. 托运人伪报品名托运（第 30 条第 2 款和第 35 条第 3 项）

301. 托运人在托运货物中夹带危险物品（第 30 条第 2 款和第 35 条第 3 项）

302. 携带、交运禁运物品（第 32 条和第 35 条第 3 项）

303. 违反警卫制度致使航空器失控（第 15 条和第 36 条第 1 项）

304. 违规出售客票（第17条和第36条第2项）

305. 承运时未核对乘机人和行李（第18条和第36条第3项）

306. 承运人未核对登机旅客人数（第19条第1款和第36条第4项）

307. 将未登机人员的行李装入、滞留航空器内（第19条第2款、第3款和第36条第4项）

308. 承运人未全程监管承运物品（第20条和第36条第5项）

309. 配制、装载单位未对供应品采取安全措施（第21条和第36条第5项）

310. 未对承运货物采取安全措施（第30条第1款和第36条第5项）

311. 未对航空邮件安检（第31条和第36条第5项）

（二十六）《铁路安全管理条例》（行政法规）

312. 毁坏铁路设施设备、防护设施（第51条和第95条）

313. 危及铁路通信、信号设施安全（第52条和第95条）

314. 危害电气化铁路设施（第53条和第95条）

法律适用规范同本意见第315条。

315. 危害铁路安全（第77条和第95条）

对具有《铁路安全管理条例》第77条规定的危害铁路安全行为之一，但未构成违反治安管理行为的，违法行为名称表述为“危害铁路安全”，法律依据适用《铁路安全管理条例》第77条和第95条。如果行为人实施了《铁路安全管理条例》第77条规定的危害铁路安全行为之一，该行为同时又构成违反治安管理行为的，违法行为名称表述为《中华人民共和国治安管理处罚法》中的相应违法行为名称，对单位处罚的法律依据适用《铁路安全管理条例》第77条和第95条，对其直接负责的主管人员和其他直接责任人员处罚的法律依据适用《中华人民共和国治安管理处罚法》的相关规定；违法行为人为自然人的，法律依据适用《中华人民共和国治安管理处罚法》的相关规定。

316. 运输危险货物不按规定配备押运人员（第98条）

317. 发生危险货物泄漏不报（第98条）

《铁路安全管理条例》第98条与《中华人民共和国治安管理处罚法》第31条竞合。铁路运输托运人运输危险货物发生危险货物被盗、丢失不按照规定及时报告的，违法行为名称表述为“危险物质被盗、丢失不报”，对单位处罚的法律依据适用《铁路安全管理条例》第98条，对其直接负责的主管人员和其他直接责任人员处罚的法律依据适用《中华人民共和国治安管理处罚法》第18条和第31条。

（二十七）《娱乐场所管理条例》（行政法规）

318. 娱乐场所从事毒品违法犯罪活动（第14条和第43条）

对娱乐场所从业人员实施《娱乐场所管理条例》第 14 条规定的禁止行为的，按照相关法律、法规确定违法行为名称，并适用相关法律、法规。

319. 娱乐场所为毒品违法犯罪活动提供条件（第 14 条和第 43 条）

320. 娱乐场所组织、强迫、引诱、容留、介绍他人卖淫、嫖娼（第 14 条和第 43 条）

《娱乐场所管理条例》第 43 条与《中华人民共和国治安管理处罚法》第 67 条竞合。对娱乐场所引诱、容留、介绍他人卖淫的，法律依据适用《娱乐场所管理条例》第 43 条。

321. 娱乐场所为组织、强迫、引诱、容留、介绍他人卖淫、嫖娼提供条件（第 14 条和第 43 条）

322. 娱乐场所制作、贩卖、传播淫秽物品（第 14 条和第 43 条）

《娱乐场所管理条例》第 43 条与《中华人民共和国治安管理处罚法》第 68 条竞合。对娱乐场所制作、贩卖、传播淫秽物品的，法律依据适用《娱乐场所管理条例》第 43 条。

323. 娱乐场所为制作、贩卖、传播淫秽物品提供条件（第 14 条和第 43 条）

324. 娱乐场所提供营利性陪侍（第 14 条和第 43 条）

325. 娱乐场所从业人员从事营利性陪侍（第 14 条和第 43 条）

326. 娱乐场所为提供、从事营利性陪侍提供条件（第 14 条和第 43 条）

327. 娱乐场所赌博（第 14 条和第 43 条）

《娱乐场所管理条例》第 43 条与《中华人民共和国治安管理处罚法》第 70 条竞合。对娱乐场所赌博的，法律依据适用《娱乐场所管理条例》第 43 条。

328. 娱乐场所为赌博提供条件（第 14 条和第 43 条）

《娱乐场所管理条例》第 43 条与《中华人民共和国治安管理处罚法》第 70 条竞合。对娱乐场所为赌博提供条件的，法律依据适用《娱乐场所管理条例》第 43 条。

329. 娱乐场所从事邪教、迷信活动（第 14 条和第 43 条）

330. 娱乐场所为从事邪教、迷信活动提供条件（第 14 条和第 43 条）

331. 娱乐场所设施不符合规定（第 44 条第 1 项）

332. 未按规定安装、使用娱乐场所闭路电视监控设备（第 44 条第 2 项）

333. 删改、未按规定留存娱乐场所监控录像资料（第 44 条第 3 项）

《娱乐场所管理条例》第 44 条第 3 项“删改娱乐场所监控录像资料”的规定和《中华人民共和国治安管理处罚法》第 29 条第 3 项“非法改变计算机信息系统数据”的规定竞合。对删改娱乐场所监控录像资料的，违法行为名称表述为“删改娱乐场所监控录像资料”，对娱乐场所处罚的法律依据适用《娱乐场所管理条例》第 44 条第 3 项的规定，对其直接负责的主管人员和其他直接责任人员处罚的法律依据适用《中华人民共和国治安管理处罚法》第 18 条和第 29 条第 3 项。

334. 未按规定配备娱乐场所安全检查设备（第 44 条第 4 项）

335. 未对进入娱乐场所人员进行安全检查（第 44 条第 4 项）

对因未配备娱乐场所安全检查设备而未对进入营业场所人员进行安全检查的，违法行为名称表述为“未按规定配备娱乐场所安全检查设备”。

336. 未按规定配备娱乐场所保安人员（第 44 条第 5 项）

337. 设置具有赌博功能的游戏设施设备（第 45 条第 1 项）

338. 以现金、有价证券作为娱乐奖品（第 45 条第 2 项）

339. 非法回购娱乐奖品（第 45 条第 2 项）

对以现金、有价证券作为娱乐奖品，并回购娱乐奖品的，违法行为名称表述为“非法回购娱乐奖品”。

340. 指使、纵容娱乐场所从业人员侵害消费者人身权利（第 46 条）

341. 未按规定备案娱乐场所营业执照（第 47 条）

342. 未按规定建立娱乐场所从业人员名簿、营业日志（第 50 条）

343. 娱乐场所内发现违法犯罪行为不报（第 50 条）

344. 未按规定悬挂娱乐场所警示标志（第 51 条）

（二十八）《娱乐场所治安管理办法》（部门规章）

345. 拒不补齐娱乐场所备案项目（第 41 条第 1 款）

346. 未按规定进行娱乐场所备案变更（第 7 条和第 41 条第 2 款）

347. 要求娱乐场所保安人员从事非职务活动（第 29 条和第 43 条第 1 款）

348. 未按规定通报娱乐场所保安人员工作情况（第 29 条和第 43 条第 1 款）

349. 未按规定建立、使用娱乐场所治安管理信息系统（第 26 条和第 44 条）

（二十九）《营业性演出管理条例》（行政法规）

350. 未制止有非法内容的营业性演出（第 25 条和第 46 条第 2 款）

351. 发现有非法内容的营业性演出不报（第 26 条和第 46 条第 2 款）

352. 超过核准数量印制、出售营业性演出门票（第 51 条第 2 款）

353. 印制、出售观众区域以外的营业性演出门票（第 51 条第 2 款）

（三十）《印刷业管理条例》（行政法规）

354. 印刷非法印刷品（第 3 条和第 38 条）

355. 印刷经营中发现违法犯罪行为未报告（第 39 条第 1 款第 2 项）

（三十一）《旅馆业治安管理办法》（行政法规）

356. 旅馆变更登记未备案（第 4 条第 2 款和第 15 条）

《旅馆业治安管理办法》第15条规定的未经许可开办旅馆的违法行为名称及法律适用规范按照本意见第121条的规定执行。

（三十二）《租赁房屋治安管理规定》（部门规章）

357. 不履行出租房屋治安责任（第9条第3项）

对房屋出租人明知承租人利用出租房屋进行犯罪活动，不向公安机关报告的，违法行为名称表述为“明知承租人利用出租屋犯罪不报”，法律依据适用《中华人民共和国治安管理处罚法》第57条第2款。对房屋出租人不履行治安责任，出租房屋发生案件、治安灾害事故的，违法行为名称表述为“不履行出租房屋治安责任”，法律依据适用《租赁房屋治安管理规定》第9条第3项。但是，如果并处罚款的，其罚款数额不得超过《国务院关于贯彻实施〈中华人民共和国行政处罚法〉的通知》（国发〔1996〕13号）第2条中“国务院各部门制定的规章对非经营活动中的违法行为设定罚款不得超过1000元；对经营活动中的违法行为，有违法所得的，设定罚款不得超过违法所得的3倍，但是最高不得超过30000元，没有违法所得的，设定罚款不得超过10000元，超过上述限额的，应当报国务院批准”的规定。

358. 转租、转借承租房屋未按规定报告（第9条第4项）

359. 利用出租房屋非法生产、储存、经营危险物品（第9条第5项）

依照《租赁房屋治安管理规定》第9条第5项的规定“处月租金十倍以下罚款”的，其罚款数额不得超过《国务院关于贯彻实施〈中华人民共和国行政处罚法〉的通知》（国发〔1996〕13号）第2条中“国务院各部门制定的规章对非经营活动中的违法行为设定罚款不得超过1000元；对经营活动中的违法行为，有违法所得的，设定罚款不得超过违法所得的3倍，但是最高不得超过30000元，没有违法所得的，设定罚款不得超过10000元；超过上述限额的，应当报国务院批准”的规定。

（三十三）《废旧金属收购业治安管理办法》（行政法规）

360. 非法设点收购废旧金属（第7条和第13条第1款第4项）

361. 收购生产性废旧金属未如实登记（第8条和第13条第1款第5项）

对再生资源回收企业收购生产性废旧金属未如实登记的，违法行为名称表述为“收购生产性废旧金属未如实登记”，法律依据适用《再生资源回收管理办法》第23条和《废旧金属收购业治安管理办法》第13条第1款第5项。

362. 收购国家禁止收购的金属物品（第9条和第13条第1款第6项）

对单位违反《废旧金属收购业治安管理办法》第9条的规定，收购国家禁止收购的金属物品的，法律依据适用《废旧金属收购业治安管理办法》第9条和第13条第1款第6项，对其直接负责的主管人员和其他直接责任人员处罚的法律依据适用《中华人民共和国治安管理处罚法》第18条和第59条第2项、第3项或者第4项。对个人收购国家禁止收购的金属物品的，法律依据适用《中华人民共和国治安管理处罚法》第59条第2项、第3项或者第4项。

（三十四）《机动车修理业、报废机动车回收业治安管理办法》（部门规章）

363. 承修机动车不如实登记（第14条）

364. 回收报废机动车不如实登记（《机动车修理业、报废机动车回收业治安管理办法》第14条和《废旧金属收购业治安管理办法》第13条第1款第5项）

365. 承修非法改装机动车（第16条）

366. 承修交通肇事逃逸车辆不报（第16条）

367. 回收无报废证明的机动车（第16条）

368. 更改机动车发动机号码、车架号码（第17条）

369. 非法拼（组）装汽车、摩托车（《机动车修理业、报废机动车回收业治安管理办法》第19条和《关于禁止非法拼（组）装汽车、摩托车的通告》（行政法规1996年8月21日起施行）第5条）

对机动车修理企业和个体工商户、报废机动车回收企业实施本意见第363条至第369条规定的违法行为，情节严重或者屡次不改，依法应当吊销有关证照的，法律依据除适用上述各条的法律依据外，还应当适用《机动车修理业、报废机动车回收业治安管理办法》第20条。

（三十五）《沿海船舶边防治安管理规定》（部门规章）

370. 擅自容留非出海人员作业、住宿（第26条第4项）

371. 拒不编刷船名、船号（第27条第3项）

372. 擅自拆换、遮盖、涂改船名、船号（第27条第3项）

373. 悬挂活动船牌号（第27条第3项）

374. 私自载运非出海人员出海（第27条第4项）

375. 擅自引航境外船舶进入未开放港口、锚地（第28条第2项）

《沿海船舶边防治安管理规定》第28条第1项规定的非法进入国家禁止或者限制进入的海域、岛屿的违法行为名称及法律适用规范按照本意见第118条的规定执行。

376. 擅自搭靠境外船舶（第28条第3项）

377. 被迫搭靠境外船舶不及时报告（第28条第3项）

378. 擅自在非指定港口停泊、上下人员、装卸货物（第28条第4项）

379. 携带、隐匿、留用、擅自处理违禁物品（第29条第1项）

380. 非法拦截、强行靠登、冲撞他人船舶（第29条第2项）

《沿海船舶边防治安管理规定》第29条第2项规定的偷开他人船舶的违

法行为名称及法律适用规范按照本意见第 147 条的规定执行。

381. 非法扣押他人船舶、船上物品（第 29 条第 3 项）

382. “三无”船舶擅自出海作业（第 30 条）

（三十六）《典当管理办法》（部门规章）

383. 收当禁当财物（第 27 条和第 63 条）

384. 未按规定查验证明文件（第 35 条第 3 款和第 65 条）

对典当业工作人员承接典当物品，不查验有关证明、不履行登记手续的，违法行为名称表述为“违法承接典当物品”，法律依据适用《中华人民共和国治安管理处罚法》第 59 条第 1 项。

385. 未按规定记录、统计、报送典当信息（第 51 条和第 65 条）

386. 发现禁当财物不报（第 27 条和第 52 条及第 66 条第 1 款）

《典当管理办法》第 52 条和第 66 条第 1 款规定的典当行发现公安机关通报协查的人员或者赃物不向公安机关报告的违法行为名称及法律适用规范按照本意见第 131 条的规定执行。

（三十七）《再生资源回收管理办法》（部门规章）

387. 未按规定进行再生资源回收从业备案（第 8 条和第 22 条）

388. 未按规定保存回收生产性废旧金属登记资料（第 10 条第 3 款和第 24 条）

389. 再生资源回收经营中发现赃物、有赃物嫌疑物品不报（第 11 条和第 25 条）

（三十八）《大型群众性活动安全管理条例》（行政法规）

390. 擅自变更大型活动时间、地点、内容、举办规模（第 20 条第 1 款）

对承办者擅自变更大型群众性活动的时间、地点、内容或者擅自扩大大型群众性活动的举办规模，对大型群众性活动承办单位的处罚，法律依据适用《大型群众性活动安全管理条例》第 20 条第 1 款，对有发生安全事故危险的，对其直接负责的主管人员和其他直接责任人员的处罚，法律依据适用《中华人民共和国治安管理处罚法》第 18 条和第 38 条。

391. 未经许可举办大型活动（第 20 条第 2 款）

392. 举办大型活动发生安全事故（第 21 条）

对举办大型群众性活动发生安全事故的，对大型群众性活动承办单位或者大型群众性活动场所管理单位的处罚，法律依据适用《大型群众性活动安全管理条例》第 21 条，对安全责任人和其他直接责任人员的处罚，法律依据适用《中华人民共和国治安管理处罚法》第 18 条和第 38 条以及《大型群众性活动安全管理条例》第 21 条。

393. 大型活动发生安全事故不处置（第 22 条）

394. 大型活动发生安全事故不报（第 22 条）

(三十九)《长江三峡水利枢纽安全保卫条例》(行政法规)

395. 非法运输危险物品进入陆域安全保卫区（第 13 条和第 35 条第 1 项）

396. 扰乱陆域安全保卫区管理秩序（第 14 条第 1 至 4 项和第 35 条第 2 项）

397. 危害陆域安全保卫区设施安全（第 14 条第 3. 4 项和第 35 条第 2 项）

398. 非法进入陆域安全保卫区（第 15 条和第 35 条第 3 项）

399. 人员非法进入禁航区（第 19 条和第 35 条第 4 项）

400. 非法进行升放活动（第 23 条和第 35 条第 5 项）

(四十)《企业事业单位内部治安保卫条例》(行政法规)

401. 不落实单位内部治安保卫措施（《企业事业单位内部治安保卫条例》第 19 条，《公安机关监督检查企业事业单位内部治安保卫工作规定》第 8 条、第 11 条或者第 12 条，《金融机构营业场所和金库安全防范设施建设许可实施办法》第 15 条，《易制爆危险化学品治安管理办法》第 25 条、第 27 条、第 43 条）

对金融机构安全防范设施建设、使用存在治安隐患的，违法行为名称表述为“不落实单位内部治安保卫措施”，法律依据适用《企业事业单位内部治安保卫条例》第 19 条和《金融机构营业场所和金库安全防范设施建设许可实施办法》第 15 条。

对企业事业单位具有《公安机关监督检查企业事业单位内部治安保卫工作规定》第 11 条或者第 12 条规定情形的，违法行为名称表述为“不落实单位内部治安保卫措施”，法律依据适用《企业事业单位内部治安保卫条例》第 19 条和《公安机关监督检查企业事业单位内部治安保卫工作规定》第 8 条、第 11 条或者第 12 条。

(四十一)《保安服务管理条例》(行政法规)

《保安服务管理条例》第 41 条规定的未经许可从事保安服务、保安培训的违法行为名称及法律适用规范按照本意见第 121 条的规定执行。

402. 未经审核变更保安服务公司法定代表人（第 42 条第 1 款第 1 项）

403. 未按规定进行自招保安员备案（第 42 条第 1 款第 2 项）

404. 未按规定撤销自招保安员备案（第 42 条第 1 款第 2 项）

405. 超范围开展保安服务（第 42 条第 1 款第 3 项）

406. 违反规定条件招用保安员（第 42 条第 1 款第 4 项）

407. 未按规定核查保安服务合法性（第 42 条第 1 款第 5 项）

408. 未报告违法保安服务要求（第 42 条第 1 款第 5 项）

409. 未按规定签订、留存保安服务合同（第 42 条第 1 款第 6 项）

410. 未按规定留存保安服务监控影像资料、报警记录（第 42 条第 1 款第 7 项及第 2 款）

411. 泄露保密信息（第 43 条第 1 款第 1 项）

412. 使用监控设备侵犯他人合法权益、个人隐私（第 43 条第 1 款第 2 项）

413. 删改、扩散保安服务监控影像资料、报警记录（第 43 条第 1 款第 3 项及第 2 款）

414. 指使、纵容保安员实施违法犯罪行为（第 43 条第 1 款第 4 项）

415. 疏于管理导致发生保安员违法犯罪案件（第 43 条第 1 款第 5 项）

416. 保安员扣押、没收他人证件、财物（第 45 条第 1 款第 2 项）

417. 保安员参与追索债务（第 45 条第 1 款第 4 项）

418. 保安员采用暴力、以暴力相威胁处置纠纷（第 45 条第 1 款第 4 项）

419. 保安员删改、扩散保安服务监控影像资料、报警记录（第 45 条第 1 款第 5 项）

420. 保安员侵犯个人隐私、泄露保密信息（第 45 条第 1 款第 6 项）

421. 未按规定进行保安员培训（第 47 条）

（四十二）《保安培训机构管理办法》（部门规章）

422. 非法获取保安培训许可证（第 32 条第 2 款）

423. 未按规定办理保安培训机构变更手续（第 9 条和第 33 条第 1 款）

424. 未按规定时间安排保安学员实习（第 14 条第 1 款和第 33 条第 1 款）

425. 非法提供保安服务（第 14 条第 2 款和第 33 条第 1 款）

426. 未按规定签订保安培训合同（第 19 条和第 33 条第 1 款）

427. 未按规定备案保安培训合同式样（第 19 条和第 33 条第 1 款）

428. 发布虚假招生广告（第 21 条和第 33 条第 2 款）

429. 非法传授侦察技术手段（第 15 条第 2 款和第 34 条第 2 款）

430. 未按规定内容、计划进行保安培训（第 13 条和第 35 条）

431. 未按规定颁发保安培训结业证书（第 16 条和第 35 条）

432. 未按规定建立保安学员档案管理制度（第 17 条第 1 款和第 35 条）

433. 未按规定保存保安学员文书档案（第 17 条第 1 款和第 35 条）

对保安培训机构因未按规定建立保安学员档案管理制度而未按规定保存保安学员文书档案的，违法行为名称表述为“未按规定建立保安学员档案管理制度”。

434. 未按规定备案保安学员、师资人员档案（第 17 条第 2 款和第 35 条）

435. 违规收取保安培训费用（第 18 条和第 35 条）

436. 转包、违规委托保安培训业务（第 20 条和第 35 条）

（四十三）《金融机构营业场所和金库安全防范设施建设许可实施办法》（部门规章）

437. 安全防范设施建设方案未经许可施工（第 16 条）

438. 安全防范设施建设工程未经验收投入使用（第 17 条）

（四十四）《中华人民共和国安全生产法》（法律）

439. 发生生产安全事故逃匿（第 106 条第 1 款）

（四十五）《中华人民共和国收养法》（法律）

440. 出卖亲生子女（第 31 条第 3 款）

（四十六）《拘留所条例实施办法》（部门规章）

441. 担保人不履行担保义务（第 57 条第 3 款）

……

公安机关办理行政案件程序规定

（2012 年 12 月 19 日公安部令第 125 号修订发布　根据 2014 年 6 月 29 日公安部令第 132 号《公安部关于修改部分部门规章的决定》第一次修正　根据 2018 年 11 月 25 日公安部令第 149 号《公安部关于修改〈公安机关办理行政案件程序规定〉的决定》第二次修正　根据 2020 年 8 月 6 日《公安部关于废止和修改部分规章的决定》修订）

第一章　总　　则

第一条　为了规范公安机关办理行政案件程序，保障公安机关在办理行政案件中正确履行职责，保护公民、法人和其他组织的合法权益，根据《中华人民共和国行政处罚法》《中华人民共和国行政强制法》《中华人民共和国治安管理处罚法》等有关法律、行政法规，制定本规定。

第二条　本规定所称行政案件，是指公安机关依照法律、法规和规章的规定对违法行为人决定行政处罚以及强制隔离戒毒等处理措施的案件。

本规定所称公安机关，是指县级以上公安机关、公安派出所、依法具有独立执法主体资格的公安机关业务部门以及出入境边防检查站。

第三条　办理行政案件应当以事实为根据，以法律为准绳。

第四条　办理行政案件应当遵循合法、公正、公开、及时的原则，尊重和保障人权，保护公民的人格尊严。

第五条　办理行政案件应当坚持教育与处罚相结合的原则，教育公民、法人和其他组织自觉守法。

第六条 办理未成年人的行政案件，应当根据未成年人的身心特点，保障其合法权益。

第七条 办理行政案件，在少数民族聚居或者多民族共同居住的地区，应当使用当地通用的语言进行询问。对不通晓当地通用语言文字的当事人，应当为他们提供翻译。

第八条 公安机关及其人民警察在办理行政案件时，对涉及的国家秘密、商业秘密或者个人隐私，应当保密。

第九条 公安机关人民警察在办案中玩忽职守、徇私舞弊、滥用职权、索取或者收受他人财物的，依法给予处分；构成犯罪的，依法追究刑事责任。

第二章 管 辖

第十条 行政案件由违法行为地的公安机关管辖。由违法行为人居住地公安机关管辖更为适宜的，可以由违法行为人居住地公安机关管辖，但是涉及卖淫、嫖娼、赌博、毒品的案件除外。

违法行为地包括违法行为发生地和违法结果发生地。违法行为发生地，包括违法行为的实施地以及开始地、途经地、结束地等与违法行为有关的地点；违法行为有连续、持续或者继续状态的，违法行为连续、持续或者继续实施的地方都属于违法行为发生地。违法结果发生地，包括违法对象被侵害地、违法所得的实际取得地、藏匿地、转移地、使用地、销售地。

居住地包括户籍所在地、经常居住地。经常居住地是指公民离开户籍所在地最后连续居住一年以上的地方，但在医院住院就医的除外。

移交违法行为人居住地公安机关管辖的行政案件，违法行为地公安机关在移交前应当及时收集证据，并配合违法行为人居住地公安机关开展调查取证工作。

第十一条 针对或者利用网络实施的违法行为，用于实施违法行为的网站服务器所在地、网络接入地以及网站建立者或者管理者所在地，被侵害的网络及其运营者所在地，违法过程中违法行为人、被侵害人使用的网络及其运营者所在地，被侵害人被侵害时所在地，以及被侵害人财产遭受损失地公安机关可以管辖。

第十二条 行驶中的客车上发生的行政案件，由案发后客车最初停靠地公安机关管辖；必要时，始发地、途经地、到达地公安机关也可以管辖。

第十三条 行政案件由县级公安机关及其公安派出所、依法具有独立执法主体资格的公安机关业务部门以及出入境边防检查站按照法律、行政法规、规章授权和管辖分工办理，但法律、行政法规、规章规定由设区的市级以上公安机关办理的除外。

第十四条 几个公安机关都有权管辖的行政案件，由最初受理的公安机关管辖。必要时，可以由主要违法行为地公安机关管辖。

第十五条 对管辖权发生争议的，报请共同的上级公安机关指定管辖。

对于重大、复杂的案件，上级公安机关可以直接办理或者指定管辖。

上级公安机关直接办理或者指定管辖的，应当书面通知被指定管辖的公安机关和其他有关的公安机关。

原受理案件的公安机关自收到上级公安机关书面通知之日起不再行使管辖权，并立即将案卷材料移送被指定管辖的公安机关或者办理的上级公安机关，及时书面通知当事人。

第十六条 铁路公安机关管辖列车上，火车站工作区域内，铁路系统的机关、厂、段、所、队等单位内发生的行政案件，以及在铁路线上放置障碍物或者损毁、移动铁路设施等可能影响铁路运输安全、盗窃铁路设施的行政案件。对倒卖、伪造、变造火车票案件，由最初受理的铁路或者地方公安机关管辖。必要时，可以移送主要违法行为发生地的铁路或者地方公安机关管辖。

交通公安机关管辖港航管理机构管理的轮船上、港口、码头工作区域内和港航系统的机关、厂、所、队等单位内发生的行政案件。

民航公安机关管辖民航管理机构管理的机场工作区域以及民航系统的机关、厂、所、队等单位内和民航飞机上发生的行政案件。

国有林区的森林公安机关管辖林区内发生的行政案件。

海关缉私机构管辖阻碍海关缉私警察依法执行职务的治安案件。

第三章　回　　避

第十七条 公安机关负责人、办案人民警察有下列情形之一的，应当自行提出回避申请，案件当事人及其法定代理人有权要求他们回避：

（一）是本案的当事人或者当事人近亲属的；

（二）本人或者其近亲属与本案有利害关系的；

（三）与本案当事人有其他关系，可能影响案件公正处理的。

第十八条 公安机关负责人、办案人民警察提出回避申请的，应当说明理由。

第十九条 办案人民警察的回避，由其所属的公安机关决定；公安机关负责人的回避，由上一级公安机关决定。

第二十条 当事人及其法定代理人要求公安机关负责人、办案人民警察回避的，应当提出申请，并说明理由。口头提出申请的，公安机关应当记录在案。

第二十一条 对当事人及其法定代理人提出的回避申请，公安机关应当在收到申请之日起二日内作出决定并通知申请人。

第二十二条 公安机关负责人、办案人民警察具有应当回避的情形之一，本人没有申请回避，当事人及其法定代理人也没有申请其回避的，有权决定其回避的公安机关可以指令其回避。

第二十三条 在行政案件调查过程中，鉴定人和翻译人员需要回避的，适用本章的规定。

鉴定人、翻译人员的回避，由指派或者聘请的公安机关决定。

第二十四条 在公安机关作出回避决定前，办案人民警察不得停止对行政案件的调查。

作出回避决定后，公安机关负责人、办案人民警察不得再参与该行政案件的调查和审核、审批工作。

第二十五条 被决定回避的公安机关负责人、办案人民警察、鉴定人和翻译人员，在回避决定作出前所进行的与案件有关的活动是否有效，由作出回避决定的公安机关根据是否影响案件依法公正处理等情况决定。

第四章 证 据

第二十六条 可以用于证明案件事实的材料，都是证据。公安机关办理行政案件的证据包括：

（一）物证；

（二）书证；

（三）被侵害人陈述和其他证人证言；

（四）违法嫌疑人的陈述和申辩；

（五）鉴定意见；

（六）勘验、检查、辨认笔录，现场笔录；

（七）视听资料、电子数据。

证据必须经过查证属实，才能作为定案的根据。

第二十七条 公安机关必须依照法定程序，收集能够证实违法嫌疑人是否违法、违法情节轻重的证据。

严禁刑讯逼供和以威胁、欺骗等非法方法收集证据。采用刑讯逼供等非法方法收集的违法嫌疑人的陈述和申辩以及采用暴力、威胁等非法方法收集的被侵害人陈述、其他证人证言，不能作为定案的根据。收集物证、书证不符合法定程序，可能严重影响执法公正的，应当予以补正或者作出合理解释；不能补正或者作出合理解释的，不能作为定案的根据。

第二十八条 公安机关向有关单位和个人收集、调取证据时，应当告知其必须如实提供证据，并告知其伪造、隐匿、毁灭证据，提供虚假证词应当承担的法律责任。

需要向有关单位和个人调取证据的，经公安机关办案部门负责人批准，开具调取证据通知书，明确调取的证据和提供时限。被调取人应当在通知书上盖章或者签名，被调取人拒绝的，公安机关应当注明。必要时，公安机关应当采用录音、录像等方式固定证据内容及取证过程。

需要向有关单位紧急调取证据的，公安机关可以在电话告知人民警察身份的同时，将调取证据通知书连同办案人民警察的人民警察证复印件通过传真、互联网通讯工具等方式送达有关单位。

第二十九条 收集调取的物证应当是原物。在原物不便搬运、不易保存或者依法应当由有关部门保管、处理或者依法应当返还时，可以拍摄或者制作足以反映原物外形或者内容的照片、录像。

物证的照片、录像，经与原物核实无误或者经鉴定证明为真实的，可以作为证据使用。

第三十条 收集、调取的书证应当是原件。在取得原件确有困难时，可以使用副本或者复制件。

书证的副本、复制件，经与原件核实无误或者经鉴定证明为真实的，可以作为证据使用。书证有更改或者更改迹象不能作出合理解释的，或者书证的副本、复制件不能反映书证原件及其内容的，不能作为证据使用。

第三十一条 物证的照片、录像，书证的副本、复制件，视听资料的复制件，应当附有关制作过程及原件、原物存放处的文字说明，并由制作人和物品持有人或者持有单位有关人员签名。

第三十二条 收集电子数据，能够扣押电子数据原始存储介质的，应当扣押。

无法扣押原始存储介质的，可以提取电子数据。提取电子数据，应当制作笔录，并附电子数据清单，由办案人民警察、电子数据持有人签名。持有人无法或者拒绝签名的，应当在笔录中注明。

由于客观原因无法或者不宜依照前两款规定收集电子数据的，可以采取打印、拍照或者录像等方式固定相关证据，并附有关原因、过程等情况的文字说明，由办案人民警察、电子数据持有人签名。持有人无法或者拒绝签名的，应当注明情况。

第三十三条 刑事案件转为行政案件办理的，刑事案件办理过程中收集的证据材料，可以作为行政案件的证据使用。

第三十四条 凡知道案件情况的人，都有作证的义务。

生理上、精神上有缺陷或者年幼，不能辨别是非、不能正确表达的人，不能作为证人。

第五章　期间与送达

第三十五条　期间以时、日、月、年计算，期间开始之时或者日不计算在内。法律文书送达的期间不包括路途上的时间。期间的最后一日是节假日的，以节假日后的第一日为期满日期，但违法行为人被限制人身自由的期间，应当至期满之日为止，不得因节假日而延长。

第三十六条　送达法律文书，应当遵守下列规定：

（一）依照简易程序作出当场处罚决定的，应当将决定书当场交付被处罚人，并由被处罚人在备案的决定书上签名或者捺指印；被处罚人拒绝的，由办案人民警察在备案的决定书上注明；

（二）除本款第一项规定外，作出行政处罚决定和其他行政处理决定，应当在宣告后将决定书当场交付被处理人，并由被处理人在附卷的决定书上签名或者捺指印，即为送达；被处理人拒绝的，由办案人民警察在附卷的决定书上注明；被处理人不在场的，公安机关应当在作出决定的七日内将决定书送达被处理人，治安管理处罚决定应当在二日内送达。

送达法律文书应当首先采取直接送达方式，交给受送达人本人；受送达人不在的，可以交付其成年家属、所在单位的负责人员或者其居住地居（村）民委员会代收。受送达人本人或者代收人拒绝接收或者拒绝签名和捺指印的，送达人可以邀请其邻居或者其他见证人到场，说明情况，也可以对拒收情况进行录音录像，把文书留在受送达人处，在附卷的法律文书上注明拒绝的事由、送达日期，由送达人、见证人签名或者捺指印，即视为送达。

无法直接送达的，委托其他公安机关代为送达，或者邮寄送达。经受送达人同意，可以采用传真、互联网通讯工具等能够确认其收悉的方式送达。

经采取上述送达方式仍无法送达的，可以公告送达。公告的范围和方式应当便于公民知晓，公告期限不得少于六十日。

第六章　简易程序和快速办理

第一节　简 易 程 序

第三十七条　违法事实确凿，且具有下列情形之一的，人民警察可以当场作出处罚决定，有违禁品的，可以当场收缴：

（一）对违反治安管理行为人或者道路交通违法行为人处二百元以下罚款或者警告的；

（二）出入境边防检查机关对违反出境入境管理行为人处五百元以下罚款或者警告的；

（三）对有其他违法行为的个人处五十元以下罚款或者警告、对单位处一千元以下罚款或者警告的；

（四）法律规定可以当场处罚的其他情形。

涉及卖淫、嫖娼、赌博、毒品的案件，不适用当场处罚。

第三十八条 当场处罚，应当按照下列程序实施：

（一）向违法行为人表明执法身份；

（二）收集证据；

（三）口头告知违法行为人拟作出行政处罚决定的事实、理由和依据，并告知违法行为人依法享有的陈述权和申辩权；

（四）充分听取违法行为人的陈述和申辩。违法行为人提出的事实、理由或者证据成立的，应当采纳；

（五）填写当场处罚决定书并当场交付被处罚人；

（六）当场收缴罚款的，同时填写罚款收据，交付被处罚人；未当场收缴罚款的，应当告知被处罚人在规定期限内到指定的银行缴纳罚款。

第三十九条 适用简易程序处罚的，可以由人民警察一人作出行政处罚决定。

人民警察当场作出行政处罚决定的，应当于作出决定后的二十四小时内将当场处罚决定书报所属公安机关备案，交通警察应当于作出决定后的二日内报所属公安机关交通管理部门备案。在旅客列车、民航飞机、水上作出行政处罚决定的，应当在返回后的二十四小时内报所属公安机关备案。

第二节 快速办理

第四十条 对不适用简易程序，但事实清楚，违法嫌疑人自愿认错认罚，且对违法事实和法律适用没有异议的行政案件，公安机关可以通过简化取证方式和审核审批手续等措施快速办理。

第四十一条 行政案件具有下列情形之一的，不适用快速办理：

（一）违法嫌疑人系盲、聋、哑人，未成年人或者疑似精神病人的；

（二）依法应当适用听证程序的；

（三）可能作出十日以上行政拘留处罚的；

（四）其他不宜快速办理的。

第四十二条 快速办理行政案件前，公安机关应当书面告知违法嫌疑人快速办理的相关规定，征得其同意，并由其签名确认。

第四十三条 对符合快速办理条件的行政案件，违法嫌疑人在自行书写材料或者询问笔录中承认违法事实、认错认罚，并有视音频记录、电子数据、检查笔录等关键证据能够相互印证的，公安机关可以不再开展其他调查取证工作。

第四十四条 对适用快速办理的行政案件，可以由专兼职法制员或者办案部门负责人审核后，报公安机关负责人审批。

第四十五条 对快速办理的行政案件，公安机关可以根据不同案件类型，使用简明扼要的格式询问笔录，尽量减少需要文字记录的内容。

被询问人自行书写材料的，办案单位可以提供样式供其参考。

使用执法记录仪等设备对询问过程录音录像的，可以替代书面询问笔录，必要时，对视听资料的关键内容和相应时间段等作文字说明。

第四十六条 对快速办理的行政案件，公安机关可以根据违法行为人认错悔改、纠正违法行为、赔偿损失以及被侵害人谅解情况等情节，依法对违法行为人从轻、减轻处罚或者不予行政处罚。

对快速办理的行政案件，公安机关可以采用口头方式履行处罚前告知程序，由办案人民警察在案卷材料中注明告知情况，并由被告知人签名确认。

第四十七条 对快速办理的行政案件，公安机关应当在违法嫌疑人到案后四十八小时内作出处理决定。

第四十八条 公安机关快速办理行政案件时，发现不适宜快速办理的，转为一般案件办理。快速办理阶段依法收集的证据，可以作为定案的根据。

第七章 调查取证

第一节 一般规定

第四十九条 对行政案件进行调查时，应当合法、及时、客观、全面地收集、调取证据材料，并予以审查、核实。

第五十条 需要调查的案件事实包括：

（一）违法嫌疑人的基本情况；

（二）违法行为是否存在；

（三）违法行为是否为违法嫌疑人实施；

（四）实施违法行为的时间、地点、手段、后果以及其他情节；

（五）违法嫌疑人有无法定从重、从轻、减轻以及不予行政处罚的情形；

（六）与案件有关的其他事实。

第五十一条 公安机关调查取证时，应当防止泄露工作秘密。

第五十二条 公安机关进行询问、辨认、检查、勘验，实施行政强制措施等调查取证工作时，人民警察不得少于二人，并表明执法身份。

接报案、受案登记、接受证据、信息采集、调解、送达文书等工作，可以由一名人民警察带领警务辅助人员进行，但应当全程录音录像。

第五十三条 对查获或者到案的违法嫌疑人应当进行安全检查，发现违禁品或者管制器具、武器、易燃易爆等危险品以及与案件有关的需要作为证据的物品的，应当立即扣押；对违法嫌疑人随身携带的与案件无关的物品，应当按照有关规定予以登记、保管、退还。安全检查不需要开具检查证。

前款规定的扣押适用本规定第五十五条和第五十六条以及本章第七节的规定。

第五十四条 办理行政案件时，可以依法采取下列行政强制措施：

（一）对物品、设施、场所采取扣押、扣留、查封、先行登记保存、抽样取证、封存文件资料等强制措施，对恐怖活动嫌疑人的存款、汇款、债券、股票、基金份额等财产还可以采取冻结措施；

（二）对违法嫌疑人采取保护性约束措施、继续盘问、强制传唤、强制检测、拘留审查、限制活动范围，对恐怖活动嫌疑人采取约束措施等强制措施。

第五十五条 实施行政强制措施应当遵守下列规定：

（一）实施前须依法向公安机关负责人报告并经批准；

（二）通知当事人到场，当场告知当事人采取行政强制措施的理由、依据以及当事人依法享有的权利、救济途径。当事人不到场的，邀请见证人到场，并在现场笔录中注明；

（三）听取当事人的陈述和申辩；

（四）制作现场笔录，由当事人和办案人民警察签名或者盖章，当事人拒绝的，在笔录中注明。当事人不在场的，由见证人和办案人民警察在笔录上签名或者盖章；

（五）实施限制公民人身自由的行政强制措施的，应当当场告知当事人家属实施强制措施的公安机关、理由、地点和期限；无法当场告知的，应当在实施强制措施后立即通过电话、短信、传真等方式通知；身份不明、拒不提供家属联系方式或者因自然灾害等不可抗力导致无法通知的，可以不予通知。告知、通知家属情况或者无法通知家属的原因应当在询问笔录中注明。

（六）法律、法规规定的其他程序。

勘验、检查时实施行政强制措施，制作勘验、检查笔录的，不再制作现场笔录。

实施行政强制措施的全程录音录像，已经具备本条第一款第二项、第三项规定的实质要素的，可以替代书面现场笔录，但应当对视听资料的关键内容和相应时间段等作文字说明。

第五十六条 情况紧急，当场实施行政强制措施的，办案人民警察应当在二十四小时内依法向其所属的公安机关负责人报告，并补办批准手续。当场实施限制公民人身自由的行政强制措施的，办案人民警察应当在返回单位后立即报告，并补办批准手续。公安机关负责人认为不应当采取行政强制措施的，应当立即解除。

第五十七条 为维护社会秩序，人民警察对有违法嫌疑的人员，经表明执法身份后，可以当场盘问、检查。对当场盘问、检查后，不能排除其违法嫌疑，依法可以适用继续盘问的，可以将其带至公安机关，经公安派出所负责人批准，对其继续盘问。对违反出境入境管理的嫌疑人依法适用继续盘问的，应当经县级以上公安机关或者出入境边防检查机关负责人批准。

继续盘问的时限一般为十二小时；对在十二小时以内确实难以证实或者排除其违法犯罪嫌疑的，可以延长至二十四小时；对不讲真实姓名、住址、身份，且在二十四小时以内仍不能证实或者排除其违法犯罪嫌疑的，可以延长至四十八小时。

第五十八条 违法嫌疑人在醉酒状态中，对本人有危险或者对他人的人身、财产或者公共安全有威胁的，可以对其采取保护性措施约束至酒醒，也可以通知其家属、亲友或者所属单位将其领回看管，必要时，应当送医院醒酒。对行为举止失控的醉酒人，可以使用约束带或者警绳等进行约束，但是不得使用手铐、脚镣等警械。

约束过程中，应当指定专人严加看护。确认醉酒人酒醒后，应当立即解除约束，并进行询问。约束时间不计算在询问查证时间内。

第五十九条 对恐怖活动嫌疑人实施约束措施，应当遵守下列规定：

（一）实施前须经县级以上公安机关负责人批准；

（二）告知嫌疑人采取约束措施的理由、依据以及其依法享有的权利、救济途径；

（三）听取嫌疑人的陈述和申辩；

（四）出具决定书。

公安机关可以采取电子监控、不定期检查等方式对被约束人遵守约束措施的情况进行监督。

约束措施的期限不得超过三个月。对不需要继续采取约束措施的，应当及时解除并通知被约束人。

第二节　受　　案

第六十条 县级公安机关及其公安派出所、依法具有独立执法主体资格的公安机关业务部门以及出入境边防检查站对报案、控告、举报、群众扭送或者违法嫌疑人投案，以及其他国家机关移送的案件，应当及时受理并按照规定进行网上接报案登记。对重复报案、案件正在办理或者已经办结的，应当向报案人、控告人、举报人、扭送人、投案人作出解释，不再登记。

第六十一条 公安机关应当对报案、控告、举报、群众扭送或者违法嫌疑人投案分别作出下列处理，并将处理情况在接报案登记中注明：

（一）对属于本单位管辖范围内的案件，应当立即调查处理，制作受案登记表和受案回执，并将受案回执交报案人、控告人、举报人、扭送人；

（二）对属于公安机关职责范围，但不属于本单位管辖的，应当在二十四小时内移送有管辖权的单位处理，并告知报案人、控告人、举报人、扭送人、投案人；

（三）对不属于公安机关职责范围的事项，在接报案时能够当场判断的，应当立即口头告知报案人、控告人、举报人、扭送人、投案人向其他主管机关报案或者投案，报案人、控告人、举报人、扭送人、投案人对口头告知内容有异议或者不能当场判断的，应当书面告知，但因没有联系方式、身份不明等客观原因无法书面告知的除外。

在日常执法执勤中发现的违法行为，适用前款规定。

第六十二条 属于公安机关职责范围但不属于本单位管辖的案件，具有下列情形之一的，受理案件或者发现案件的公安机关及其人民警察应当依法先行采取必要的强制措施或者其他处置措施，再移送有管辖权的单位处理：

（一）违法嫌疑人正在实施危害行为的；

（二）正在实施违法行为或者违法后即时被发现的现行犯被扭送至公安机关的；

（三）在逃的违法嫌疑人已被抓获或者被发现的；

（四）有人员伤亡，需要立即采取救治措施的；

（五）其他应当采取紧急措施的情形。

行政案件移送管辖的，询问查证时间和扣押等措施的期限重新计算。

第六十三条 报案人不愿意公开自己的姓名和报案行为的，公安机关应当在受案登记时注明，并为其保密。

第六十四条 对报案人、控告人、举报人、扭送人、投案人提供的有关证据材料、物品等应当登记，出具接受证据清单，并妥善保管。必要时，应当拍照、录音、录像。移送案件时，应当将有关证据材料和物品一并移交。

第六十五条 对发现或者受理的案件暂时无法确定为刑事案件或者行政案件的，可以按照行政案件的程序办理。在办理过程中，认为涉嫌构成犯罪的，应当按照《公安机关办理刑事案件程序规定》办理。

第三节 询　问

第六十六条 询问违法嫌疑人，可以到违法嫌疑人住处或者单位进行，也可以将违法嫌疑人传唤到其所在市、县内的指定地点进行。

第六十七条 需要传唤违法嫌疑人接受调查的，经公安派出所、县级以上公安机关办案部门或者出入境边防检查机关负责人批准，使用传唤证传唤。对现场发现的违法嫌疑人，人民警察经出示人民警察证，可以口头传唤，并在询问笔录中注明违法嫌疑人到案经过、到案时间和离开时间。

单位违反公安行政管理规定，需要传唤其直接负责的主管人员和其他直接责任人员的，适用前款规定。

对无正当理由不接受传唤或者逃避传唤的违反治安管理、出境入境管理的嫌疑人以及法律规定可以强制传唤的其他违法嫌疑人，经公安派出所、县级以上公安机关办案部门或者出入境边防检查机关负责人批准，可以强制传唤。强制传唤时，可以依法使用手铐、警绳等约束性警械。

公安机关应当将传唤的原因和依据告知被传唤人，并通知其家属。公安机关通知被传唤人家属适用本规定第五十五条第一款第五项的规定。

第六十八条 使用传唤证传唤的，违法嫌疑人被传唤到案后和询问查证结束后，应当由其在传唤证上填写到案和离开时间并签名。拒绝填写或者签名的，办案人民警察应当在传唤证上注明。

第六十九条 对被传唤的违法嫌疑人，应当及时询问查证，询问查证的时间不得超过八小时；案情复杂，违法行为依法可能适用行政拘留处罚的，询问查证的时间不得超过二十四小时。

不得以连续传唤的形式变相拘禁违法嫌疑人。

第七十条 对于投案自首或者群众扭送的违法嫌疑人，公安机关应当立即进行询问查证，并在询问笔录中记明违法嫌疑人到案经过、到案和离开时间。询问查证时间适用本规定第六十九条第一款的规定。

对于投案自首或者群众扭送的违法嫌疑人，公安机关应当适用本规定第五十五条第一款第五项的规定通知其家属。

第七十一条 在公安机关询问违法嫌疑人，应当在办案场所进行。

询问查证期间应当保证违法嫌疑人的饮食和必要的休息时间，并在询问笔录中注明。

在询问查证的间隙期间，可以将违法嫌疑人送入候问室，并按照候问室的管理规定执行。

第七十二条 询问违法嫌疑人、被侵害人或者其他证人，应当个别进行。

第七十三条 首次询问违法嫌疑人时，应当问明违法嫌疑人的姓名、出生日期、户籍所在地、现住址、身份证件种类及号码，是否为各级人民代表大会代表，是否受过刑事处罚或者行政拘留、强制隔离戒毒、社区戒毒、收容教养等情况。必要时，还应当问明其家庭主要成员、工作单位、文化程度、民族、身体状况等情况。

违法嫌疑人为外国人的，首次询问时还应当问明其国籍、出入境证件种类及号码、签证种类、入境时间、入境事由等情况。必要时，还应当问明其在华关系人等情况。

第七十四条 询问时，应当告知被询问人必须如实提供证据、证言和故意作伪证或者隐匿证据应负的法律责任，对与本案无关的问题有拒绝回答的权利。

第七十五条 询问未成年人时，应当通知其父母或者其他监护人到场，其父母或者其他监护人不能到场的，也可以通知未成年人的其他成年亲属，所在学校、单位、居住地基层组织或者未成年人保护组织的代表到场，并将有关情况记录在案。确实无法通知或者通知后未到场的，应当在询问笔录中注明。

第七十六条 询问聋哑人，应当有通晓手语的人提供帮助，并在询问笔录中注明被询问人的聋哑情况以及翻译人员的姓名、住址、工作单位和联系方式。

对不通晓当地通用的语言文字的被询问人，应当为其配备翻译人员，并在询问笔录中注明翻译人员的姓名、住址、工作单位和联系方式。

第七十七条 询问笔录应当交被询问人核对，对没有阅读能力的，应当向其宣读。记录有误或者遗漏的，应当允许被询问人更正或者补充，并要求其在修改处捺指印。被询问人确认笔录无误后，应当在询问笔录上逐页签名或者捺指印。拒绝签名和捺指印的，办案人民警察应当在询问笔录中注明。

办案人民警察应当在询问笔录上签名，翻译人员应当在询问笔录的结尾处签名。

询问时，可以全程录音、录像，并保持录音、录像资料的完整性。

第七十八条 询问违法嫌疑人时，应当听取违法嫌疑人的陈述和申辩。对违法嫌疑人的陈述和申辩，应当核查。

第七十九条 询问被侵害人或者其他证人，可以在现场进行，也可以到其单位、学校、住所、其居住地居（村）民委员会或者其提出的地点进行。必要时，也可以书面、电话或者当场通知其到公安机关提供证言。

在现场询问的，办案人民警察应当出示人民警察证。

询问前，应当了解被询问人的身份以及其与被侵害人、其他证人、违法嫌疑人之间的关系。

第八十条 违法嫌疑人、被侵害人或者其他证人请求自行提供书面材料的，应当准许。必要时，办案人民警察也可以要求违法嫌疑人、被侵害人或者其他证人自行书写。违法嫌疑人、被侵害人或者其他证人应当在其提供的书面材料的结尾处签名或者捺指印。对打印的书面材料，违法嫌疑人、被侵害人或者其他证人应当逐页签名或者捺指印。办案人民警察收到书面材料后，应当在首页注明收到日期，并签名。

第四节　勘验、检查

第八十一条 对于违法行为案发现场，必要时应当进行勘验，提取与案件有关的证据材料，判断案件性质，确定调查方向和范围。

现场勘验参照刑事案件现场勘验的有关规定执行。

第八十二条 对与违法行为有关的场所、物品、人身可以进行检查。检查时，人民警察不得少于二人，并应当出示人民警察证和县级以上公安机关开具的检查证。对确有必要立即进行检查的，人民警察经出示人民警察证，可以当场检查；但检查公民住所的，必须有证据表明或者有群众报警公民住所内正在发生危害公共安全或者公民人身安全的案（事）件，或者违法存放危险物质，不立即检查可能会对公共安全或者公民人身、财产安全造成重大危害。

对机关、团体、企业、事业单位或者公共场所进行日常执法监督检查，依照有关法律、法规和规章执行，不适用前款规定。

第八十三条 对违法嫌疑人，可以依法提取或者采集肖像、指纹等人体生物识别信息；涉嫌酒后驾驶机动车、吸毒、从事恐怖活动等违法行为的，可以依照《中华人民共和国道路交通安全法》《中华人民共和国禁毒法》《中华人民共和国反恐怖主义法》等规定提取或者采集血液、尿液、毛发、脱落细胞等生物样本。人身安全检查和当场检查时已经提取、采集的信息，不再提取、采集。

第八十四条 对违法嫌疑人进行检查时，应当尊重被检查人的人格尊严，不得以有损人格尊严的方式进行检查。

检查妇女的身体，应当由女性工作人员进行。

依法对卖淫、嫖娼人员进行性病检查，应当由医生进行。

第八十五条 检查场所或者物品时，应当注意避免对物品造成不必要的损坏。

检查场所时，应当有被检查人或者见证人在场。

第八十六条 检查情况应当制作检查笔录。检查笔录由检查人员、被检查人或者见证人签名；被检查人不在场或者拒绝签名的，办案人民警察应当在检查笔录中注明。

检查时的全程录音录像可以替代书面检查笔录，但应当对视听资料的关键内容和相应时间段等作文字说明。

第五节　鉴　　定

第八十七条 为了查明案情，需要对专门性技术问题进行鉴定的，应当指派或者聘请具有专门知识的人员进行。

需要聘请本公安机关以外的人进行鉴定的，应当经公安机关办案部门负责人批准后，制作鉴定聘请书。

第八十八条 公安机关应当为鉴定提供必要的条件，及时送交有关检材和比对样本等原始材料，介绍与鉴定有关的情况，并且明确提出要求鉴定解决的问题。

办案人民警察应当做好检材的保管和送检工作，并注明检材送检环节的责任人，确保检材在流转环节中的同一性和不被污染。

禁止强迫或者暗示鉴定人作出某种鉴定意见。

第八十九条 对人身伤害的鉴定由法医进行。

卫生行政主管部门许可的医疗机构具有执业资格的医生出具的诊断证明，可以作为公安机关认定人身伤害程度的依据，但具有本规定第九十条规定情形的除外。

对精神病的鉴定，由有精神病鉴定资格的鉴定机构进行。

第九十条 人身伤害案件具有下列情形之一的，公安机关应当进行伤情鉴定：

（一）受伤程度较重，可能构成轻伤以上伤害程度的；

（二）被侵害人要求作伤情鉴定的；

（三）违法嫌疑人、被侵害人对伤害程度有争议的。

第九十一条 对需要进行伤情鉴定的案件，被侵害人拒绝提供诊断证明或者拒绝进行伤情鉴定的，公安机关应当将有关情况记录在案，并可以根据已认定的事实作出处理决定。

经公安机关通知，被侵害人无正当理由未在公安机关确定的时间内作伤情鉴定的，视为拒绝鉴定。

第九十二条 对电子数据涉及的专门性问题难以确定的，由司法鉴定机构出具鉴定意见，或者由公安部指定的机构出具报告。

第九十三条 涉案物品价值不明或者难以确定的，公安机关应当委托价格鉴证机构估价。

根据当事人提供的购买发票等票据能够认定价值的涉案物品，或者价值明显不够刑事立案标准的涉案物品，公安机关可以不进行价格鉴证。

第九十四条 对涉嫌吸毒的人员，应当进行吸毒检测，被检测人员应当配合；对拒绝接受检测的，经县级以上公安机关或者其派出机构负责人批准，可以强制检测。采集女性被检测人检测样本，应当由女性工作人员进行。

对涉嫌服用国家管制的精神药品、麻醉药品驾驶机动车的人员，可以对其进行体内国家管制的精神药品、麻醉药品含量检验。

第九十五条 对有酒后驾驶机动车嫌疑的人，应当对其进行呼气酒精测试，对具有下列情形之一的，应当立即提取血样，检验血液酒精含量：

（一）当事人对呼气酒精测试结果有异议的；

（二）当事人拒绝配合呼气酒精测试的；

（三）涉嫌醉酒驾驶机动车的；

（四）涉嫌饮酒后驾驶机动车发生交通事故的。

当事人对呼气酒精测试结果无异议的，应当签字确认。事后提出异议的，不予采纳。

第九十六条 鉴定人鉴定后，应当出具鉴定意见。鉴定意见应当载明委托人、委托鉴定的事项、提交鉴定的相关材料、鉴定的时间、依据和结论性意见等内容，并由鉴定人签名或者盖章。通过分析得出鉴定意见的，应当有分析过程的说明。鉴定意见应当附有鉴定机构和鉴定人的资质证明或者其他证明文件。

鉴定人对鉴定意见负责，不受任何机关、团体、企业、事业单位和个人的干涉。多人参加鉴定，对鉴定意见有不同意见的，应当注明。

鉴定人故意作虚假鉴定的，应当承担法律责任。

第九十七条 办案人民警察应当对鉴定意见进行审查。

对经审查作为证据使用的鉴定意见，公安机关应当在收到鉴定意见之日起五日内将鉴定意见复印件送达违法嫌疑人和被侵害人。

医疗机构出具的诊断证明作为公安机关认定人身伤害程度的依据的，应当将诊断证明结论书面告知违法嫌疑人和被侵害人。

违法嫌疑人或者被侵害人对鉴定意见有异议的，可以在收到鉴定意见复印件之日起三日内提出重新鉴定的申请，经县级以上公安机关批准后，进行重新鉴定。同一行政案件的同一事项重新鉴定以一次为限。

当事人是否申请重新鉴定，不影响案件的正常办理。

公安机关认为必要时，也可以直接决定重新鉴定。

第九十八条 具有下列情形之一的，应当进行重新鉴定：

（一）鉴定程序违法或者违反相关专业技术要求，可能影响鉴定意见正确性的；

（二）鉴定机构、鉴定人不具备鉴定资质和条件的；

（三）鉴定意见明显依据不足的；

（四）鉴定人故意作虚假鉴定的；

（五）鉴定人应当回避而没有回避的；

（六）检材虚假或者被损坏的；

（七）其他应当重新鉴定的。

不符合前款规定情形的，经县级以上公安机关负责人批准，作出不准予重新鉴定的决定，并在作出决定之日起的三日以内书面通知申请人。

第九十九条 重新鉴定，公安机关应当另行指派或者聘请鉴定人。

第一百条 鉴定费用由公安机关承担，但当事人自行鉴定的除外。

第六节 辨　　认

第一百零一条 为了查明案情，办案人民警察可以让违法嫌疑人、被侵害人或者其他证人对与违法行为有关的物品、场所或者违法嫌疑人进行辨认。

第一百零二条 辨认由二名以上办案人民警察主持。

组织辨认前，应当向辨认人详细询问辨认对象的具体特征，并避免辨认人见到辨认对象。

第一百零三条 多名辨认人对同一辨认对象或者一名辨认人对多名辨认对象进行辨认时，应当个别进行。

第一百零四条 辨认时，应当将辨认对象混杂在特征相类似的其他对象中，不得给辨认人任何暗示。

辨认违法嫌疑人时，被辨认的人数不得少于七人；对违法嫌疑人照片进行辨认的，不得少于十人的照片。

辨认每一件物品时，混杂的同类物品不得少于五件。

同一辨认人对与同一案件有关的辨认对象进行多组辨认的，不得重复使用陪衬照片或者陪衬人。

第一百零五条 辨认人不愿意暴露身份的，对违法嫌疑人的辨认可以在不暴露辨认人的情况下进行，公安机关及其人民警察应当为其保守秘密。

第一百零六条 辨认经过和结果，应当制作辨认笔录，由办案人民警察和辨认人签名或者捺指印。必要时，应当对辨认过程进行录音、录像。

第七节 证 据 保 全

第一百零七条 对下列物品，经公安机关负责人批准，可以依法扣押或者扣留：

（一）与治安案件、违反出境入境管理的案件有关的需要作为证据的物品；

（二）道路交通安全法律、法规规定适用扣留的车辆、机动车驾驶证；

（三）《中华人民共和国反恐怖主义法》等法律、法规规定适用扣押或者扣留的物品。

对下列物品，不得扣押或者扣留：

（一）与案件无关的物品；

（二）公民个人及其所扶养家属的生活必需品；

（三）被侵害人或者善意第三人合法占有的财产。

对具有本条第二款第二项、第三项情形的，应当予以登记，写明登记财物的名称、规格、数量、特征，并由占有人签名或者捺指印。必要时，可以进行拍照。但是，与案件有关必须鉴定的，可以依法扣押，结束后应当立即解除。

第一百零八条 办理下列行政案件时，对专门用于从事无证经营活动的场所、设施、物品，经公安机关负责人批准，可以依法查封。但对与违法行为无关的场所、设施，公民个人及其扶养家属的生活必需品不得查封：

（一）擅自经营按照国家规定需要由公安机关许可的行业的；

（二）依照《娱乐场所管理条例》可以由公安机关采取取缔措施的；

（三）《中华人民共和国反恐怖主义法》等法律、法规规定适用查封的其他公安行政案件。

场所、设施、物品已被其他国家机关依法查封的，不得重复查封。

第一百零九条 收集证据时，经公安机关办案部门负责人批准，可以采取抽样取证的方法。

抽样取证应当采取随机的方式，抽取样品的数量以能够认定本品的品质特征为限。

抽样取证时，应当对抽样取证的现场、被抽样物品及被抽取的样品进行拍照或者对抽样过程进行录像。

对抽取的样品应当及时进行检验。经检验，能够作为证据使用的，应当依法扣押、先行登记保存或者登记；不属于证据的，应当及时返还样品。样品有减损的，应当予以补偿。

第一百一十条 在证据可能灭失或者以后难以取得的情况下，经公安机关办案部门负责人批准，可以先行登记保存。

先行登记保存期间，证据持有人及其他人员不得损毁或者转移证据。

对先行登记保存的证据，应当在七日内作出处理决定。逾期不作出处理决定的，视为自动解除。

第一百一十一条 实施扣押、扣留、查封、抽样取证、先行登记保存等证据保全措施时，应当会同当事人查点清楚，制作并当场交付证据保全决定书。必要时，应当对采取证据保全措施的证据进行拍照或者对采取证据保全的过程进行录像。证据保全决定书应当载明下列事项：

（一）当事人的姓名或者名称、地址；

（二）抽样取证、先行登记保存、扣押、扣留、查封的理由、依据和期限；

（三）申请行政复议或者提起行政诉讼的途径和期限；

（四）作出决定的公安机关的名称、印章和日期。

证据保全决定书应当附清单，载明被采取证据保全措施的场所、设施、物品的名称、规格、数量、特征等，由办案人民警察和当事人签名后，一份交当事人，一份附卷。有见证人的，还应当由见证人签名。当事人或者见证人拒绝签名的，办案人民警察应当在证据保全清单上注明。

对可以作为证据使用的录音带、录像带，在扣押时应当予以检查，记明案由、内容以及录取和复制的时间、地点等，并妥为保管。

对扣押的电子数据原始存储介质，应当封存，保证在不解除封存状态的情况下，无法增加、删除、修改电子数据，并在证据保全清单中记录封存状态。

第一百一十二条 扣押、扣留、查封期限为三十日，情况复杂的，经县级以上公安机关负责人批准，可以延长三十日；法律、行政法规另有规定的除外。延长扣押、扣留、查封期限的，应当及时书面告知当事人，并说明理由。

对物品需要进行鉴定的，鉴定期间不计入扣押、扣留、查封期间，但应当将鉴定的期间书面告知当事人。

第一百一十三条 公安机关对恐怖活动嫌疑人的存款、汇款、债券、股票、基金份额等财产采取冻结措施的，应当经县级以上公安机关负责人批准，向金融机构交付冻结通知书。

作出冻结决定的公安机关应当在三日内向恐怖活动嫌疑人交付冻结决定书。冻结决定书应当载明下列事项：

（一）恐怖活动嫌疑人的姓名或者名称、地址；

（二）冻结的理由、依据和期限；

（三）冻结的账号和数额；

（四）申请行政复议或者提起行政诉讼的途径和期限；

（五）公安机关的名称、印章和日期。

第一百一十四条 自被冻结之日起二个月内，公安机关应当作出处理决定或者解除冻结；情况复杂的，经上一级公安机关负责人批准，可以延长一个月。

延长冻结的决定应当及时书面告知恐怖活动嫌疑人，并说明理由。

第一百一十五条 有下列情形之一的，公安机关应当立即退还财物，并由当事人签名确认；不涉及财物退还的，应当书面通知当事人解除证据保全：

（一）当事人没有违法行为的；

（二）被采取证据保全的场所、设施、物品、财产与违法行为无关的；

（三）已经作出处理决定，不再需要采取证据保全措施的；

（四）采取证据保全措施的期限已经届满的；

（五）其他不再需要采取证据保全措施的。

作出解除冻结决定的，应当及时通知金融机构。

第一百一十六条 行政案件变更管辖时，与案件有关的财物及其孳息应当随案移交，并书面告知当事人。移交时，由接收人、移交人当面查点清楚，并在交接单据上共同签名。

第八节　办 案 协 作

第一百一十七条　办理行政案件需要异地公安机关协作的，应当制作办案协作函件。负责协作的公安机关接到请求协作的函件后，应当办理。

第一百一十八条　需要到异地执行传唤的，办案人民警察应当持传唤证、办案协作函件和人民警察证，与协作地公安机关联系，在协作地公安机关的协作下进行传唤。协作地公安机关应当协助将违法嫌疑人传唤到其所在市、县内的指定地点或者到其住处、单位进行询问。

第一百一十九条　需要异地办理检查、查询，查封、扣押或者冻结与案件有关的财物、文件的，应当持相关的法律文书、办案协作函件和人民警察证，与协作地公安机关联系，协作地公安机关应当协助执行。

在紧急情况下，可以将办案协作函件和相关的法律文书传真或者通过执法办案信息系统发送至协作地公安机关，协作地公安机关应当及时采取措施。办案地公安机关应当立即派员前往协作地办理。

第一百二十条　需要进行远程视频询问、处罚前告知的，应当由协作地公安机关事先核实被询问、告知人的身份。办案地公安机关应当制作询问、告知笔录并传输至协作地公安机关。询问、告知笔录经被询问、告知人确认并逐页签名或者捺指印后，由协作地公安机关协作人员签名或者盖章，并将原件或者电子签名笔录提供给办案地公安机关。办案地公安机关负责询问、告知的人民警察应当在首页注明收到日期，并签名或者盖章。询问、告知过程应当全程录音录像。

第一百二十一条　办案地公安机关可以委托异地公安机关代为询问、向有关单位和个人调取电子数据、接收自行书写材料、进行辨认、履行处罚前告知程序、送达法律文书等工作。

委托代为询问、辨认、处罚前告知的，办案地公安机关应当列出明确具体的询问、辨认、告知提纲，提供被辨认对象的照片和陪衬照片。

委托代为向有关单位和个人调取电子数据的，办案地公安机关应当将办案协作函件和相关法律文书传真或者通过执法办案信息系统发送至协作地公安机关，由协作地公安机关办案部门审核确认后办理。

第一百二十二条　协作地公安机关依照办案地公安机关的要求，依法履行办案协作职责所产生的法律责任，由办案地公安机关承担。

第八章 听证程序

第一节 一般规定

第一百二十三条 在作出下列行政处罚决定之前，应当告知违法嫌疑人有要求举行听证的权利：

（一）责令停产停业；

（二）吊销许可证或者执照；

（三）较大数额罚款；

（四）法律、法规和规章规定违法嫌疑人可以要求举行听证的其他情形。

前款第三项所称“较大数额罚款”，是指对个人处以二千元以上罚款，对单位处以一万元以上罚款，对违反边防出境入境管理法律、法规和规章的个人处以六千元以上罚款。对依据地方性法规或者地方政府规章作出的罚款处罚，适用听证的罚款数额按照地方规定执行。

第一百二十四条 听证由公安机关法制部门组织实施。

依法具有独立执法主体资格的公安机关业务部门以及出入境边防检查站依法作出行政处罚决定的，由其非本案调查人员组织听证。

第一百二十五条 公安机关不得因违法嫌疑人提出听证要求而加重处罚。

第一百二十六条 听证人员应当就行政案件的事实、证据、程序、适用法律等方面全面听取当事人陈述和申辩。

第二节 听证人员和听证参加人

第一百二十七条 听证设听证主持人一名，负责组织听证；记录员一名，负责制作听证笔录。必要时，可以设听证员一至二名，协助听证主持人进行听证。

本案调查人员不得担任听证主持人、听证员或者记录员。

第一百二十八条 听证主持人决定或者开展下列事项：

（一）举行听证的时间、地点；

（二）听证是否公开举行；

（三）要求听证参加人到场参加听证，提供或者补充证据；

（四）听证的延期、中止或者终止；

（五）主持听证，就案件的事实、理由、证据、程序、适用法律等组织质证和辩论；

（六）维持听证秩序，对违反听证纪律的行为予以制止；

（七）听证员、记录员的回避；

（八）其他有关事项。

第一百二十九条 听证参加人包括：

（一）当事人及其代理人；

（二）本案办案人民警察；

（三）证人、鉴定人、翻译人员；

（四）其他有关人员。

第一百三十条 当事人在听证活动中享有下列权利：

（一）申请回避；

（二）委托一至二人代理参加听证；

（三）进行陈述、申辩和质证；

（四）核对、补正听证笔录；

（五）依法享有的其他权利。

第一百三十一条 与听证案件处理结果有直接利害关系的其他公民、法人或者其他组织，作为第三人申请参加听证的，应当允许。为查明案情，必要时，听证主持人也可以通知其参加听证。

第三节 听证的告知、申请和受理

第一百三十二条 对适用听证程序的行政案件，办案部门在提出处罚意见后，应当告知违法嫌疑人拟作出的行政处罚和有要求举行听证的权利。

第一百三十三条 违法嫌疑人要求听证的，应当在公安机关告知后三日内提出申请。

第一百三十四条 违法嫌疑人放弃听证或者撤回听证要求后，处罚决定作出前，又提出听证要求的，只要在听证申请有效期限内，应当允许。

第一百三十五条 公安机关收到听证申请后，应当在二日内决定是否受理。认为听证申请人的要求不符合听证条件，决定不予受理的，应当制作不予受理听证通知书，告知听证申请人。逾期不通知听证申请人的，视为受理。

第一百三十六条 公安机关受理听证后，应当在举行听证的七日前将举行听证通知书送达听证申请人，并将举行听证的时间、地点通知其他听证参加人。

第四节 听证的举行

第一百三十七条 听证应当在公安机关收到听证申请之日起十日内举行。

除涉及国家秘密、商业秘密、个人隐私的行政案件外，听证应当公开举行。

第一百三十八条 听证申请人不能按期参加听证的，可以申请延期，是否准许，由听证主持人决定。

第一百三十九条 二个以上违法嫌疑人分别对同一行政案件提出听证要求的，可以合并举行。

第一百四十条 同一行政案件中有二个以上违法嫌疑人，其中部分违法嫌疑人提出听证申请的，应当在听证举行后一并作出处理决定。

第一百四十一条 听证开始时，听证主持人核对听证参加人；宣布案由；宣布听证员、记录员和翻译人员名单；告知当事人在听证中的权利和义务；询问当事人是否提出回避申请；对不公开听证的行政案件，宣布不公开听证的理由。

第一百四十二条 听证开始后，首先由办案人民警察提出听证申请人违法的事实、证据和法律依据及行政处罚意见。

第一百四十三条 办案人民警察提出证据时，应当向听证会出示。对证人证言、鉴定意见、勘验笔录和其他作为证据的文书，应当当场宣读。

第一百四十四条 听证申请人可以就办案人民警察提出的违法事实、证据和法律依据以及行政处罚意见进行陈述、申辩和质证，并可以提出新的证据。

第三人可以陈述事实，提出新的证据。

第一百四十五条 听证过程中，当事人及其代理人有权申请通知新的证人到会作证，调取新的证据。对上述申请，听证主持人应当当场作出是否同意的决定；申请重新鉴定的，按照本规定第七章第五节有关规定办理。

第一百四十六条 听证申请人、第三人和办案人民警察可以围绕案件的事实、证据、程序、适用法律、处罚种类和幅度等问题进行辩论。

第一百四十七条 辩论结束后，听证主持人应当听取听证申请人、第三人、办案人民警察各方最后陈述意见。

第一百四十八条 听证过程中，遇有下列情形之一，听证主持人可以中止听证：

（一）需要通知新的证人到会、调取新的证据或者需要重新鉴定或者勘验的；

（二）因回避致使听证不能继续进行的；

（三）其他需要中止听证的。

中止听证的情形消除后，听证主持人应当及时恢复听证。

第一百四十九条 听证过程中，遇有下列情形之一，应当终止听证：

（一）听证申请人撤回听证申请的；

（二）听证申请人及其代理人无正当理由拒不出席或者未经听证主持人许可中途退出听证的；

（三）听证申请人死亡或者作为听证申请人的法人或者其他组织被撤销、解散的；

（四）听证过程中，听证申请人或者其代理人扰乱听证秩序，不听劝阻，致使听证无法正常进行的；

（五）其他需要终止听证的。

第一百五十条 听证参加人和旁听人员应当遵守听证会场纪律。对违反听证会场纪律的，听证主持人应当警告制止；对不听制止，干扰听证正常进行的旁听人员，责令其退场。

第一百五十一条 记录员应当将举行听证的情况记入听证笔录。听证笔录应当载明下列内容：

（一）案由；

（二）听证的时间、地点和方式；

（三）听证人员和听证参加人的身份情况；

（四）办案人民警察陈述的事实、证据和法律依据以及行政处罚意见；

（五）听证申请人或者其代理人的陈述和申辩；

（六）第三人陈述的事实和理由；

（七）办案人民警察、听证申请人或者其代理人、第三人质证、辩论的内容；

（八）证人陈述的事实；

（九）听证申请人、第三人、办案人民警察的最后陈述意见；

（十）其他事项。

第一百五十二条 听证笔录应当交听证申请人阅读或者向其宣读。听证笔录中的证人陈述部分，应当交证人阅读或者向其宣读。听证申请人或者证人认为听证笔录有误的，可以请求补充或者改正。听证申请人或者证人审核无误后签名或者捺指印。听证申请人或者证人拒绝的，由记录员在听证笔录中记明情况。

听证笔录经听证主持人审阅后，由听证主持人、听证员和记录员签名。

第一百五十三条 听证结束后，听证主持人应当写出听证报告书，连同听证笔录一并报送公安机关负责人。

听证报告书应当包括下列内容：

（一）案由；

（二）听证人员和听证参加人的基本情况；

（三）听证的时间、地点和方式；

（四）听证会的基本情况；

（五）案件事实；

（六）处理意见和建议。

第九章　行政处理决定

第一节　行政处罚的适用

第一百五十四条　违反治安管理行为在六个月内没有被公安机关发现，其他违法行为在二年内没有被公安机关发现的，不再给予行政处罚。

前款规定的期限，从违法行为发生之日起计算，违法行为有连续、继续或者持续状态的，从行为终了之日起计算。

被侵害人在违法行为追究时效内向公安机关控告，公安机关应当受理而不受理的，不受本条第一款追究时效的限制。

第一百五十五条　实施行政处罚时，应当责令违法行为人当场或者限期改正违法行为。

第一百五十六条　对违法行为人的同一个违法行为，不得给予两次以上罚款的行政处罚。

第一百五十七条　不满十四周岁的人有违法行为的，不予行政处罚，但是应当责令其监护人严加管教，并在不予行政处罚决定书中载明。已满十四周岁不满十八周岁的人有违法行为的，从轻或者减轻行政处罚。

第一百五十八条　精神病人在不能辨认或者不能控制自己行为时有违法行为的，不予行政处罚，但应当责令其监护人严加看管和治疗，并在不予行政处罚决定书中载明。间歇性精神病人在精神正常时有违法行为的，应当给予行政处罚。尚未完全丧失辨认或者控制自己行为能力的精神病人有违法行为的，应当予以行政处罚，但可以从轻或者减轻行政处罚。

第一百五十九条　违法行为人有下列情形之一的，应当从轻、减轻处罚或者不予行政处罚：

（一）主动消除或者减轻违法行为危害后果，并取得被侵害人谅解的；

（二）受他人胁迫或者诱骗的；

（三）有立功表现的；

（四）主动投案，向公安机关如实陈述自己的违法行为的；

（五）其他依法应当从轻、减轻或者不予行政处罚的。

违法行为轻微并及时纠正，没有造成危害后果的，不予行政处罚。

盲人或者又聋又哑的人违反治安管理的，可以从轻、减轻或者不予行政处罚；醉酒的人违反治安管理的，应当给予处罚。

第一百六十条　违法行为人有下列情形之一的，应当从重处罚：

（一）有较严重后果的；

（二）教唆、胁迫、诱骗他人实施违法行为的；

（三）对报案人、控告人、举报人、证人等打击报复的；

（四）六个月内曾受过治安管理处罚或者一年内因同类违法行为受到两次以上公安行政处罚的；

（五）刑罚执行完毕三年内，或者在缓刑期间，违反治安管理的。

第一百六十一条 一人有两种以上违法行为的，分别决定，合并执行，可以制作一份决定书，分别写明对每种违法行为的处理内容和合并执行的内容。

一个案件有多个违法行为人的，分别决定，可以制作一式多份决定书，写明给予每个人的处理决定，分别送达每一个违法行为人。

第一百六十二条 行政拘留处罚合并执行的，最长不超过二十日。

行政拘留处罚执行完毕前，发现违法行为人有其他违法行为，公安机关依法作出行政拘留决定的，与正在执行的行政拘留合并执行。

第一百六十三条 对决定给予行政拘留处罚的人，在处罚前因同一行为已经被采取强制措施限制人身自由的时间应当折抵。限制人身自由一日，折抵执行行政拘留一日。询问查证、继续盘问和采取约束措施的时间不予折抵。

被采取强制措施限制人身自由的时间超过决定的行政拘留期限的，行政拘留决定不再执行。

第一百六十四条 违法行为人具有下列情形之一，依法应当给予行政拘留处罚的，应当作出处罚决定，但不送拘留所执行：

（一）已满十四周岁不满十六周岁的；

（二）已满十六周岁不满十八周岁，初次违反治安管理或者其他公安行政管理的。但是，曾被收容教养、被行政拘留依法不执行行政拘留或者曾因实施扰乱公共秩序，妨害公共安全，侵犯人身权利、财产权利，妨害社会管理的行为被人民法院判决有罪的除外；

（三）七十周岁以上的；

（四）孕妇或者正在哺乳自己婴儿的妇女。

第二节 行政处理的决定

第一百六十五条 公安机关办理治安案件的期限，自受理之日起不得超过三十日；案情重大、复杂的，经上一级公安机关批准，可以延长三十日。办理其他行政案件，有法定办案期限的，按照相关法律规定办理。

为了查明案情进行鉴定的期间，不计入办案期限。

对因违反治安管理行为人不明或者逃跑等客观原因造成案件在法定期限内无法作出行政处理决定的，公安机关应当继续进行调查取证，并向被侵害人说明情况，及时依法作出处理决定。

第一百六十六条 违法嫌疑人不讲真实姓名、住址，身份不明，但只要违法事实清楚、证据确实充分的，可以按其自报的姓名并贴附照片作出处理决定，并在相关法律文书中注明。

第一百六十七条 在作出行政处罚决定前，应当告知违法嫌疑人拟作出行政处罚决定的事实、理由及依据，并告知违法嫌疑人依法享有陈述权和申辩权。单位违法的，应当告知其法定代表人、主要负责人或者其授权的人员。

适用一般程序作出行政处罚决定的，采用书面形式或者笔录形式告知。

依照本规定第一百七十二条第一款第三项作出不予行政处罚决定的，可以不履行本条第一款规定的告知程序。

第一百六十八条 对违法行为事实清楚，证据确实充分，依法应当予以行政处罚，因违法行为人逃跑等原因无法履行告知义务的，公安机关可以采取公告方式予以告知。自公告之日起七日内，违法嫌疑人未提出申辩的，可以依法作出行政处罚决定。

第一百六十九条 违法嫌疑人有权进行陈述和申辩。对违法嫌疑人提出的新的事实、理由和证据，公安机关应当进行复核。

公安机关不得因违法嫌疑人申辩而加重处罚。

第一百七十条 对行政案件进行审核、审批时，应当审查下列内容：

（一）违法嫌疑人的基本情况；

（二）案件事实是否清楚，证据是否确实充分；

（三）案件定性是否准确；

（四）适用法律、法规和规章是否正确；

（五）办案程序是否合法；

（六）拟作出的处理决定是否适当。

第一百七十一条 法制员或者办案部门指定的人员、办案部门负责人、法制部门的人员可以作为行政案件审核人员。

初次从事行政处罚决定审核的人员，应当通过国家统一法律职业资格考试取得法律职业资格。

第一百七十二条 公安机关根据行政案件的不同情况分别作出下列处理决定：

（一）确有违法行为，应当给予行政处罚的，根据其情节和危害后果的轻重，作出行政处罚决定；

（二）确有违法行为，但有依法不予行政处罚情形的，作出不予行政处罚决定；有违法所得和非法财物、违禁品、管制器具的，应当予以追缴或者收缴；

（三）违法事实不能成立的，作出不予行政处罚决定；

（四）对需要给予社区戒毒、强制隔离戒毒、收容教养等处理的，依法作出决定；

（五）违法行为涉嫌构成犯罪的，转为刑事案件办理或者移送有权处理的主管机关、部门办理，无需撤销行政案件。公安机关已经作出行政处理决定的，应当附卷；

（六）发现违法行为人有其他违法行为的，在依法作出行政处理决定的同时，通知有关行政主管部门处理。

对已经依照前款第三项作出不予行政处罚决定的案件，又发现新的证据的，应当依法及时调查；违法行为能够认定的，依法重新作出处理决定，并撤销原不予行政处罚决定。

治安案件有被侵害人的，公安机关应当在作出不予行政处罚或者处罚决定之日起二日内将决定书复印件送达被侵害人。无法送达的，应当注明。

第一百七十三条　行政拘留处罚由县级以上公安机关或者出入境边防检查机关决定。依法应当对违法行为人予以行政拘留的，公安派出所、依法具有独立执法主体资格的公安机关业务部门应当报其所属的县级以上公安机关决定。

第一百七十四条　对县级以上的各级人民代表大会代表予以行政拘留的，作出处罚决定前应当经该级人民代表大会主席团或者人民代表大会常务委员会许可。

对乡、民族乡、镇的人民代表大会代表予以行政拘留的，作出决定的公安机关应当立即报告乡、民族乡、镇的人民代表大会。

第一百七十五条　作出行政处罚决定的，应当制作行政处罚决定书。决定书应当载明下列内容：

（一）被处罚人的姓名、性别、出生日期、身份证件种类及号码、户籍所在地、现住址、工作单位、违法经历以及被处罚单位的名称、地址和法定代表人；

（二）违法事实和证据以及从重、从轻、减轻等情节；

（三）处罚的种类、幅度和法律依据；

（四）处罚的执行方式和期限；

（五）对涉案财物的处理结果及对被处罚人的其他处理情况；

（六）对处罚决定不服，申请行政复议、提起行政诉讼的途径和期限；

（七）作出决定的公安机关的名称、印章和日期。

作出罚款处罚的，行政处罚决定书应当载明逾期不缴纳罚款依法加处罚款的标准和最高限额；对涉案财物作出处理的，行政处罚决定书应当附没收、收缴、追缴物品清单。

第一百七十六条　作出行政拘留处罚决定的，应当及时将处罚情况和执行场所或者依法不执行的情况通知被处罚人家属。

作出社区戒毒决定的，应当通知被决定人户籍所在地或者现居住地的城市街道办事处、乡镇人民政府。作出强制隔离戒毒、收容教养决定的，应当在法定期限内通知被决定人的家属、所在单位、户籍所在地公安派出所。

被处理人拒不提供家属联系方式或者不讲真实姓名、住址，身份不明的，可以不予通知，但应当在附卷的决定书中注明。

第一百七十七条 公安机关办理的刑事案件，尚不够刑事处罚，依法应当给予公安行政处理的，经县级以上公安机关负责人批准，依照本章规定作出处理决定。

第十章 治安调解

第一百七十八条 对于因民间纠纷引起的殴打他人、故意伤害、侮辱、诽谤、诬告陷害、故意损毁财物、干扰他人正常生活、侵犯隐私、非法侵入住宅等违反治安管理行为，情节较轻，且具有下列情形之一的，可以调解处理：

（一）亲友、邻里、同事、在校学生之间因琐事发生纠纷引起的；

（二）行为人的侵害行为系由被侵害人事前的过错行为引起的；

（三）其他适用调解处理更易化解矛盾的。

对不构成违反治安管理行为的民间纠纷，应当告知当事人向人民法院或者人民调解组织申请处理。

对情节轻微、事实清楚、因果关系明确，不涉及医疗费用、物品损失或者双方当事人对医疗费用和物品损失的赔付无争议，符合治安调解条件，双方当事人同意当场调解并当场履行的治安案件，可以当场调解，并制作调解协议书。当事人基本情况、主要违法事实和协议内容在现场录音录像中明确记录的，不再制作调解协议书。

第一百七十九条 具有下列情形之一的，不适用调解处理：

（一）雇凶伤害他人的；

（二）结伙斗殴或者其他寻衅滋事的；

（三）多次实施违反治安管理行为的；

（四）当事人明确表示不愿意调解处理的；

（五）当事人在治安调解过程中又针对对方实施违反治安管理行为的；

（六）调解过程中，违法嫌疑人逃跑的；

（七）其他不宜调解处理的。

第一百八十条 调解处理案件，应当查明事实，收集证据，并遵循合法、公正、自愿、及时的原则，注重教育和疏导，化解矛盾。

第一百八十一条 当事人中有未成年人的，调解时应当通知其父母或者其他监护人到场。但是，当事人为年满十六周岁以上的未成年人，以自己的劳动收入为主要生活来源，本人同意不通知的，可以不通知。

被侵害人委托其他人参加调解的，应当向公安机关提交委托书，并写明委托权限。违法嫌疑人不得委托他人参加调解。

第一百八十二条 对因邻里纠纷引起的治安案件进行调解时，可以邀请当事人居住地的居（村）民委员会的人员或者双方当事人熟悉的人员参加帮助调解。

第一百八十三条 调解一般为一次。对一次调解不成，公安机关认为有必要或者当事人申请的，可以再次调解，并应当在第一次调解后的七个工作日内完成。

第一百八十四条 调解达成协议的，在公安机关主持下制作调解协议书，双方当事人应当在调解协议书上签名，并履行调解协议。

调解协议书应当包括调解机关名称、主持人、双方当事人和其他在场人员的基本情况，案件发生时间、地点、人员、起因、经过、情节、结果等情况、协议内容、履行期限和方式等内容。

对调解达成协议的，应当保存案件证据材料，与其他文书材料和调解协议书一并归入案卷。

第一百八十五条 调解达成协议并履行的，公安机关不再处罚。对调解未达成协议或者达成协议后不履行的，应当对违反治安管理行为人依法予以处罚；对违法行为造成的损害赔偿纠纷，公安机关可以进行调解，调解不成的，应当告知当事人向人民法院提起民事诉讼。

调解案件的办案期限从调解未达成协议或者调解达成协议不履行之日起开始计算。

第一百八十六条 对符合本规定第一百七十八条规定的治安案件，当事人申请人民调解或者自行和解，达成协议并履行后，双方当事人书面申请并经公安机关认可的，公安机关不予治安管理处罚，但公安机关已依法作出处理决定的除外。

第十一章 涉案财物的管理和处理

第一百八十七条 对于依法扣押、扣留、查封、抽样取证、追缴、收缴的财物以及由公安机关负责保管的先行登记保存的财物，公安机关应当妥善保管，不得使用、挪用、调换或者损毁。造成损失的，应当承担赔偿责任。

涉案财物的保管费用由作出决定的公安机关承担。

第一百八十八条 县级以上公安机关应当指定一个内设部门作为涉案财物管理部门，负责对涉案财物实行统一管理，并设立或者指定专门保管场所，对涉案财物进行集中保管。涉案财物集中保管的范围，由地方公安机关根据本地区实际情况确定。

对价值较低、易于保管，或者需要作为证据继续使用，以及需要先行返还被侵害人的涉案财物，可以由办案部门设置专门的场所进行保管。办案部门应当指定不承担办案工作的民警负责本部门涉案财物的接收、保管、移交等管理工作；严禁由办案人员自行保管涉案财物。

对查封的场所、设施、财物，可以委托第三人保管，第三人不得损毁或者擅自转移、处置。因第三人的原因造成的损失，公安机关先行赔付后，有权向第三人追偿。

第一百八十九条 公安机关涉案财物管理部门和办案部门应当建立电子台账，对涉案财物逐一编号登记，载明案由、来源、保管状态、场所和去向。

第一百九十条 办案人民警察应当在依法提取涉案财物后的二十四小时内将财物移交涉案财物管理人员，并办理移交手续。对查封、冻结、先行登记保存的涉案财物，应当在采取措施后的二十四小时内，将法律文书复印件及涉案财物的情况送交涉案财物管理人员予以登记。

在异地或者在偏远、交通不便地区提取涉案财物的，办案人民警察应当在返回单位后的二十四小时内移交。

对情况紧急，需要在提取涉案财物后的二十四小时内进行鉴定、辨认、检验、检查等工作的，经办案部门负责人批准，可以在完成上述工作后的二十四小时内移交。

在提取涉案财物后的二十四小时内已将涉案财物处理完毕的，不再移交，但应当将处理涉案财物的相关手续附卷保存。

因询问、鉴定、辨认、检验、检查等办案需要，经办案部门负责人批准，办案人民警察可以调用涉案财物，并及时归还。

第一百九十一条 对容易腐烂变质及其他不易保管的物品、危险物品，经公安机关负责人批准，在拍照或者录像后依法变卖或者拍卖，变卖或者拍卖的价款暂予保存，待结案后按有关规定处理。

对易燃、易爆、毒害性、放射性等危险物品应当存放在符合危险物品存放条件的专门场所。

对属于被侵害人或者善意第三人合法占有的财物，应当在登记、拍照或者录像、估价后及时返还，并在案卷中注明返还的理由，将原物照片、清单和领取手续存卷备查。

对不宜入卷的物证，应当拍照入卷，原物在结案后按照有关规定处理。

第一百九十二条 有关违法行为查证属实后，对有证据证明权属明确且无争议的被侵害人合法财物及其孳息，凡返还不损害其他被侵害人或者利害关系人的利益，不影响案件正常办理的，应当在登记、拍照或者录像和估价后，及时发还被侵害人。办案人民警察应当在案卷材料中注明返还的理由，并将原物照片、清单和被侵害人的领取手续附卷。

第一百九十三条 在作出行政处理决定时，应当对涉案财物一并作出处理。

第一百九十四条 对在办理行政案件中查获的下列物品应当依法收缴：

（一）毒品、淫秽物品等违禁品；

（二）赌具和赌资；

（三）吸食、注射毒品的用具；

（四）伪造、变造的公文、证件、证明文件、票证、印章等；

（五）倒卖的车船票、文艺演出票、体育比赛入场券等有价票证；

（六）主要用于实施违法行为的本人所有的工具以及直接用于实施毒品违法行为的资金；

（七）法律、法规规定可以收缴的其他非法财物。

前款第六项所列的工具，除非有证据表明属于他人合法所有，可以直接认定为违法行为人本人所有。对明显无价值的，可以不作出收缴决定，但应当在证据保全文书中注明处理情况。

违法所得应当依法予以追缴或者没收。

多名违法行为人共同实施违法行为，违法所得或者非法财物无法分清所有人的，作为共同违法所得或者非法财物予以处理。

第一百九十五条 收缴由县级以上公安机关决定。但是，违禁品，管制器具，吸食、注射毒品的用具以及非法财物价值在五百元以下且当事人对财物价值无异议的，公安派出所可以收缴。

追缴由县级以上公安机关决定。但是，追缴的财物应当退还被侵害人的，公安派出所可以追缴。

第一百九十六条 对收缴和追缴的财物，经原决定机关负责人批准，按照下列规定分别处理：

（一）属于被侵害人或者善意第三人的合法财物，应当及时返还；

（二）没有被侵害人的，登记造册，按照规定上缴国库或者依法变卖、拍卖后，将所得款项上缴国库；

（三）违禁品、没有价值的物品，或者价值轻微，无法变卖、拍卖的物品，统一登记造册后销毁；

（四）对无法变卖或者拍卖的危险物品，由县级以上公安机关主管部门组织销毁或者交有关厂家回收。

第一百九十七条 对应当退还原主或者当事人的财物，通知原主或者当事人在六个月内来领取；原主不明确的，应当采取公告方式告知原主认领。在通知原主、当事人或者公告后六个月内，无人认领的，按无主财物处理，登记后上缴国库，或者依法变卖或者拍卖后，将所得款项上缴国库。遇有特殊情况的，可酌情延期处理，延长期限最长不超过三个月。

第十二章　执　　行

第一节　一般规定

第一百九十八条　公安机关依法作出行政处理决定后，被处理人应当在行政处理决定的期限内予以履行。逾期不履行的，作出行政处理决定的公安机关可以依法强制执行或者申请人民法院强制执行。

第一百九十九条　被处理人对行政处理决定不服申请行政复议或者提起行政诉讼的，行政处理决定不停止执行，但法律另有规定的除外。

第二百条　公安机关在依法作出强制执行决定或者申请人民法院强制执行前，应当事先催告被处理人履行行政处理决定。催告以书面形式作出，并直接送达被处理人。被处理人拒绝接受或者无法直接送达被处理人的，依照本规定第五章的有关规定送达。

催告书应当载明下列事项：

（一）履行行政处理决定的期限和方式；

（二）涉及金钱给付的，应当有明确的金额和给付方式；

（三）被处理人依法享有的陈述权和申辩权。

第二百零一条　被处理人收到催告书后有权进行陈述和申辩。公安机关应当充分听取并记录、复核。被处理人提出的事实、理由或者证据成立的，公安机关应当采纳。

第二百零二条　经催告，被处理人无正当理由逾期仍不履行行政处理决定，法律规定由公安机关强制执行的，公安机关可以依法作出强制执行决定。

在催告期间，对有证据证明有转移或者隐匿财物迹象的，公安机关可以作出立即强制执行决定。

强制执行决定应当以书面形式作出，并载明下列事项：

（一）被处理人的姓名或者名称、地址；

（二）强制执行的理由和依据；

（三）强制执行的方式和时间；

（四）申请行政复议或者提起行政诉讼的途径和期限；

（五）作出决定的公安机关名称、印章和日期。

第二百零三条　依法作出要求被处理人履行排除妨碍、恢复原状等义务的行政处理决定，被处理人逾期不履行，经催告仍不履行，其后果已经或者将危害交通安全的，公安机关可以代履行，或者委托没有利害关系的第三人代履行。

代履行应当遵守下列规定：

（一）代履行前送达决定书，代履行决定书应当载明当事人的姓名或者名称、地址，代履行的理由和依据、方式和时间、标的、费用预算及代履行人；

（二）代履行三日前，催告当事人履行，当事人履行的，停止代履行；

（三）代履行时，作出决定的公安机关应当派员到场监督；

（四）代履行完毕，公安机关到场监督人员、代履行人和当事人或者见证人应当在执行文书上签名或者盖章。

代履行的费用由当事人承担。但是，法律另有规定的除外。

第二百零四条 需要立即清理道路的障碍物，当事人不能清除的，或者有其他紧急情况需要立即履行的，公安机关可以决定立即实施代履行。当事人不在场的，公安机关应当在事后立即通知当事人，并依法作出处理。

第二百零五条 实施行政强制执行，公安机关可以在不损害公共利益和他人合法权益的情况下，与当事人达成执行协议。执行协议可以约定分阶段履行；当事人采取补救措施的，可以减免加处的罚款。

执行协议应当履行。被处罚人不履行执行协议的，公安机关应当恢复强制执行。

第二百零六条 当事人在法定期限内不申请行政复议或者提起行政诉讼，又不履行行政处理决定的，法律没有规定公安机关强制执行的，作出行政处理决定的公安机关可以自期限届满之日起三个月内，向所在地有管辖权的人民法院申请强制执行。因情况紧急，为保障公共安全，公安机关可以申请人民法院立即执行。

强制执行的费用由被执行人承担。

第二百零七条 申请人民法院强制执行前，公安机关应当催告被处理人履行义务，催告书送达十日后被处理人仍未履行义务的，公安机关可以向人民法院申请强制执行。

第二百零八条 公安机关向人民法院申请强制执行，应当提供下列材料：

（一）强制执行申请书；

（二）行政处理决定书及作出决定的事实、理由和依据；

（三）当事人的意见及公安机关催告情况；

（四）申请强制执行标的情况；

（五）法律、法规规定的其他材料。

强制执行申请书应当由作出处理决定的公安机关负责人签名，加盖公安机关印章，并注明日期。

第二百零九条 公安机关对人民法院不予受理强制执行申请、不予强制执行的裁定有异议的，可以在十五日内向上一级人民法院申请复议。

第二百一十条 具有下列情形之一的，中止强制执行：

（一）当事人暂无履行能力的；

（二）第三人对执行标的主张权利，确有理由的；

（三）执行可能对他人或者公共利益造成难以弥补的重大损失的；

（四）其他需要中止执行的。

中止执行的情形消失后，公安机关应当恢复执行。对没有明显社会危害，当事人确无能力履行，中止执行满三年未恢复执行的，不再执行。

第二百一十一条 具有下列情形之一的，终结强制执行：

（一）公民死亡，无遗产可供执行，又无义务承受人的；

（二）法人或者其他组织终止，无财产可供执行，又无义务承受人的；

（三）执行标的灭失的；

（四）据以执行的行政处理决定被撤销的；

（五）其他需要终结执行的。

第二百一十二条 在执行中或者执行完毕后，据以执行的行政处理决定被撤销、变更，或者执行错误，应当恢复原状或者退还财物；不能恢复原状或者退还财物的，依法给予赔偿。

第二百一十三条 除依法应当销毁的物品外，公安机关依法没收或者收缴、追缴的违法所得和非法财物，必须按照国家有关规定处理或者上缴国库。

罚款、没收或者收缴的违法所得和非法财物拍卖或者变卖的款项和没收的保证金，必须全部上缴国库，不得以任何形式截留、私分或者变相私分。

第二节 罚款的执行

第二百一十四条 公安机关作出罚款决定，被处罚人应当自收到行政处罚决定书之日起十五日内，到指定的银行缴纳罚款。具有下列情形之一的，公安机关及其办案人民警察可以当场收缴罚款，法律另有规定的，从其规定：

（一）对违反治安管理行为人处五十元以下罚款和对违反交通管理的行人、乘车人和非机动车驾驶人处罚款，被处罚人没有异议的；

（二）对违反治安管理、交通管理以外的违法行为人当场处二十元以下罚款的；

（三）在边远、水上、交通不便地区、旅客列车上或者口岸，被处罚人向指定银行缴纳罚款确有困难，经被处罚人提出的；

（四）被处罚人在当地没有固定住所，不当场收缴事后难以执行的。

对具有前款第一项和第三项情形之一的，办案人民警察应当要求被处罚人签名确认。

第二百一十五条 公安机关及其人民警察当场收缴罚款的，应当出具省级或者国家财政部门统一制发的罚款收据。对不出具省级或者国家财政部门统一制发的罚款收据的，被处罚人有权拒绝缴纳罚款。

第二百一十六条 人民警察应当自收缴罚款之日起二日内，将当场收缴的罚款交至其所属公安机关；在水上当场收缴的罚款，应当自抵岸之日起二日内将当场收缴的罚款交至其所属公安机关；在旅客列车上当场收缴的罚款，应当自返回之日起二日内将当场收缴的罚款交至其所属公安机关。

公安机关应当自收到罚款之日起二日内将罚款缴付指定的银行。

第二百一十七条 被处罚人确有经济困难，经被处罚人申请和作出处罚决定的公安机关批准，可以暂缓或者分期缴纳罚款。

第二百一十八条 被处罚人未在本规定第二百一十四条规定的期限内缴纳罚款的，作出行政处罚决定的公安机关可以采取下列措施：

（一）将依法查封、扣押的被处罚人的财物拍卖或者变卖抵缴罚款。拍卖或者变卖的价款超过罚款数额的，余额部分应当及时退还被处罚人；

（二）不能采取第一项措施的，每日按罚款数额的百分之三加处罚款，加处罚款总额不得超出罚款数额。

拍卖财物，由公安机关委托拍卖机构依法办理。

第二百一十九条 依法加处罚款超过三十日，经催告被处罚人仍不履行的，作出行政处罚决定的公安机关可以按照本规定第二百零六条的规定向所在地有管辖权的人民法院申请强制执行。

第三节 行政拘留的执行

第二百二十条 对被决定行政拘留的人，由作出决定的公安机关送达拘留所执行。对抗拒执行的，可以使用约束性警械。

对被决定行政拘留的人，在异地被抓获或者具有其他有必要在异地拘留所执行情形的，经异地拘留所主管公安机关批准，可以在异地执行。

第二百二十一条 对同时被决定行政拘留和社区戒毒或者强制隔离戒毒的人员，应当先执行行政拘留，由拘留所给予必要的戒毒治疗，强制隔离戒毒期限连续计算。

拘留所不具备戒毒治疗条件的，行政拘留决定机关可以直接将被行政拘留人送公安机关管理的强制隔离戒毒所代为执行行政拘留，强制隔离戒毒期限连续计算。

第二百二十二条 被处罚人不服行政拘留处罚决定，申请行政复议或者提起行政诉讼的，可以向作出行政拘留决定的公安机关提出暂缓执行行政拘留的申请；口头提出申请的，公安机关人民警察应当予以记录，并由申请人签名或者捺指印。

被处罚人在行政拘留执行期间，提出暂缓执行行政拘留申请的，拘留所应当立即将申请转交作出行政拘留决定的公安机关。

第二百二十三条 公安机关应当在收到被处罚人提出暂缓执行行政拘留申请之时起二十四小时内作出决定。

公安机关认为暂缓执行行政拘留不致发生社会危险，且被处罚人或者其近亲属提出符合条件的担保人，或者按每日行政拘留二百元的标准交纳保证金的，应当作出暂缓执行行政拘留的决定。

对同一被处罚人，不得同时责令其提出保证人和交纳保证金。

被处罚人已送达拘留所执行的，公安机关应当立即将暂缓执行行政拘留决定送达拘留所，拘留所应当立即释放被处罚人。

第二百二十四条 被处罚人具有下列情形之一的，应当作出不暂缓执行行政拘留的决定，并告知申请人：

（一）暂缓执行行政拘留后可能逃跑的；

（二）有其他违法犯罪嫌疑，正在被调查或者侦查的；

（三）不宜暂缓执行行政拘留的其他情形。

第二百二十五条 行政拘留并处罚款的，罚款不因暂缓执行行政拘留而暂缓执行。

第二百二十六条 在暂缓执行行政拘留期间，被处罚人应当遵守下列规定：

（一）未经决定机关批准不得离开所居住的市、县；

（二）住址、工作单位和联系方式发生变动的，在二十四小时以内向决定机关报告；

（三）在行政复议和行政诉讼中不得干扰证人作证、伪造证据或者串供；

（四）不得逃避、拒绝或者阻碍处罚的执行。

在暂缓执行行政拘留期间，公安机关不得妨碍被处罚人依法行使行政复议和行政诉讼权利。

第二百二十七条 暂缓执行行政拘留的担保人应当符合下列条件：

（一）与本案无牵连；

（二）享有政治权利，人身自由未受到限制或者剥夺；

（三）在当地有常住户口和固定住所；

（四）有能力履行担保义务。

第二百二十八条 公安机关经过审查认为暂缓执行行政拘留的担保人符合条件的，由担保人出具保证书，并到公安机关将被担保人领回。

第二百二十九条 暂缓执行行政拘留的担保人应当履行下列义务：

（一）保证被担保人遵守本规定第二百二十六条的规定；

（二）发现被担保人伪造证据、串供或者逃跑的，及时向公安机关报告。

暂缓执行行政拘留的担保人不履行担保义务，致使被担保人逃避行政拘留处罚执行的，公安机关可以对担保人处以三千元以下罚款，并对被担保人恢复执行行政拘留。

暂缓执行行政拘留的担保人履行了担保义务，但被担保人仍逃避行政拘留处罚执行的，或者被处罚人逃跑后，担保人积极帮助公安机关抓获被处罚人的，可以从轻或者不予行政处罚。

第二百三十条 暂缓执行行政拘留的担保人在暂缓执行行政拘留期间，不愿继续担保或者丧失担保条件的，行政拘留的决定机关应当责令被处罚人重新提出担保人或者交纳保证金。不提出担保人又不交纳保证金的，行政拘留的决定机关应当将被处罚人送拘留所执行。

第二百三十一条 保证金应当由银行代收。在银行非营业时间，公安机关可以先行收取，并在收到保证金后的三日内存入指定的银行账户。

公安机关应当指定办案部门以外的法制、装备财务等部门负责管理保证金。严禁截留、坐支、挪用或者以其他任何形式侵吞保证金。

第二百三十二条 行政拘留处罚被撤销或者开始执行时，公安机关应当将保证金退还交纳人。

被决定行政拘留的人逃避行政拘留处罚执行的，由决定行政拘留的公安机关作出没收或者部分没收保证金的决定，行政拘留的决定机关应当将被处罚人送拘留所执行。

第二百三十三条 被处罚人对公安机关没收保证金的决定不服的，可以依法申请行政复议或者提起行政诉讼。

第四节　其他处理决定的执行

第二百三十四条 作出吊销公安机关发放的许可证或者执照处罚的，应当在被吊销的许可证或者执照上加盖吊销印章后收缴。被处罚人拒不缴销证件的，公安机关可以公告宣布作废。吊销许可证或者执照的机关不是发证机关的，作出决定的机关应当在处罚决定生效后及时通知发证机关。

第二百三十五条 作出取缔决定的，可以采取在经营场所张贴公告等方式予以公告，责令被取缔者立即停止经营活动；有违法所得的，依法予以没收或者追缴。拒不停止经营活动的，公安机关可以依法没收或者收缴其专门用于从事非法经营活动的工具、设备。已经取得营业执照的，公安机关应当通知工商行政管理部门依法撤销其营业执照。

第二百三十六条 对拒不执行公安机关依法作出的责令停产停业决定的，公安机关可以依法强制执行或者申请人民法院强制执行。

第二百三十七条 对被决定强制隔离戒毒、收容教养的人员，由作出决定的公安机关送强制隔离戒毒场所、收容教养场所执行。

对被决定社区戒毒的人员，公安机关应当责令其到户籍所在地接受社区戒毒，在户籍所在地以外的现居住地有固定住所的，可以责令其在现居住地接受社区戒毒。

第十三章　涉外行政案件的办理

第二百三十八条　办理涉外行政案件，应当维护国家主权和利益，坚持平等互利原则。

第二百三十九条　对外国人国籍的确认，以其入境时有效证件上所表明的国籍为准；国籍有疑问或者国籍不明的，由公安机关出入境管理部门协助查明。

对无法查明国籍、身份不明的外国人，按照其自报的国籍或者无国籍人对待。

第二百四十条　违法行为人为享有外交特权和豁免权的外国人的，办案公安机关应当将其身份、证件及违法行为等基本情况记录在案，保存有关证据，并尽快将有关情况层报省级公安机关，由省级公安机关商请同级人民政府外事部门通过外交途径处理。

对享有外交特权和豁免权的外国人，不得采取限制人身自由和查封、扣押的强制措施。

第二百四十一条　办理涉外行政案件，应当使用中华人民共和国通用的语言文字。对不通晓我国语言文字的，公安机关应当为其提供翻译；当事人通晓我国语言文字，不需要他人翻译的，应当出具书面声明。

经县级以上公安机关负责人批准，外国籍当事人可以自己聘请翻译，翻译费由其个人承担。

第二百四十二条　外国人具有下列情形之一，经当场盘问或者继续盘问后不能排除嫌疑，需要作进一步调查的，经县级以上公安机关或者出入境边防检查机关负责人批准，可以拘留审查：

（一）有非法出境入境嫌疑的；

（二）有协助他人非法出境入境嫌疑的；

（三）有非法居留、非法就业嫌疑的；

（四）有危害国家安全和利益，破坏社会公共秩序或者从事其他违法犯罪活动嫌疑的。

实施拘留审查，应当出示拘留审查决定书，并在二十四小时内进行询问。

拘留审查的期限不得超过三十日，案情复杂的，经上一级公安机关或者出入境边防检查机关批准可以延长至六十日。对国籍、身份不明的，拘留审查期限自查清其国籍、身份之日起计算。

第二百四十三条 具有下列情形之一的，应当解除拘留审查：

（一）被决定遣送出境、限期出境或者驱逐出境的；

（二）不应当拘留审查的；

（三）被采取限制活动范围措施的；

（四）案件移交其他部门处理的；

（五）其他应当解除拘留审查的。

第二百四十四条 外国人具有下列情形之一的，不适用拘留审查，经县级以上公安机关或者出入境边防检查机关负责人批准，可以限制其活动范围：

（一）患有严重疾病的；

（二）怀孕或者哺乳自己婴儿的；

（三）未满十六周岁或者已满七十周岁的；

（四）不宜适用拘留审查的其他情形。

被限制活动范围的外国人，应当按照要求接受审查，未经公安机关批准，不得离开限定的区域。限制活动范围的期限不得超过六十日。对国籍、身份不明的，限制活动范围期限自查清其国籍、身份之日起计算。

第二百四十五条 被限制活动范围的外国人应当遵守下列规定：

（一）未经决定机关批准，不得变更生活居所，超出指定的活动区域；

（二）在传唤的时候及时到案；

（三）不得以任何形式干扰证人作证；

（四）不得毁灭、伪造证据或者串供。

第二百四十六条 外国人具有下列情形之一的，经县级以上公安机关或者出入境边防检查机关负责人批准，可以遣送出境：

（一）被处限期出境，未在规定期限内离境的；

（二）有不准入境情形的；

（三）非法居留、非法就业的；

（四）违反法律、行政法规需要遣送出境的。

其他境外人员具有前款所列情形之一的，可以依法遣送出境。

被遣送出境的人员，自被遣送出境之日起一至五年内不准入境。

第二百四十七条 被遣送出境的外国人可以被遣送至下列国家或者地区：

（一）国籍国；

（二）入境前的居住国或者地区；

（三）出生地国或者地区；

（四）入境前的出境口岸的所属国或者地区；

（五）其他允许被遣送出境的外国人入境的国家或者地区。

第二百四十八条 具有下列情形之一的外国人，应当羁押在拘留所或者遣返场所：

（一）被拘留审查的；

（二）被决定遣送出境或者驱逐出境但因天气、交通运输工具班期、当事人健康状况等客观原因或者国籍、身份不明，不能立即执行的。

第二百四十九条 外国人对继续盘问、拘留审查、限制活动范围、遣送出境措施不服的，可以依法申请行政复议，该行政复议决定为最终决定。

其他境外人员对遣送出境措施不服，申请行政复议的，适用前款规定。

第二百五十条 外国人具有下列情形之一的，经县级以上公安机关或者出入境边防检查机关决定，可以限期出境：

（一）违反治安管理的；

（二）从事与停留居留事由不相符的活动的；

（三）违反中国法律、法规规定，不适宜在中国境内继续停留居留的。

对外国人决定限期出境的，应当规定外国人离境的期限，注销其有效签证或者停留居留证件。限期出境的期限不得超过三十日。

第二百五十一条 外国人违反治安管理或者出境入境管理，情节严重，尚不构成犯罪的，承办的公安机关可以层报公安部处以驱逐出境。公安部作出的驱逐出境决定为最终决定，由承办机关宣布并执行。

被驱逐出境的外国人，自被驱逐出境之日起十年内不准入境。

第二百五十二条 对外国人处以罚款或者行政拘留并处限期出境或者驱逐出境的，应当于罚款或者行政拘留执行完毕后执行限期出境或者驱逐出境。

第二百五十三条 办理涉外行政案件，应当按照国家有关办理涉外案件的规定，严格执行请示报告、内部通报、对外通知等各项制度。

第二百五十四条 对外国人作出行政拘留、拘留审查或者其他限制人身自由以及限制活动范围的决定后，决定机关应当在四十八小时内将外国人的姓名、性别、入境时间、护照或者其他身份证件号码，案件发生的时间、地点及有关情况，违法的主要事实，已采取的措施及其法律依据等情况报告省级公安机关；省级公安机关应当在规定期限内，将有关情况通知该外国人所属国家的驻华使馆、领馆，并通报同级人民政府外事部门。当事人要求不通知使馆、领馆，且我国与当事人国籍国未签署双边协议规定必须通知的，可以不通知，但应当由其本人提出书面请求。

第二百五十五条 外国人在被行政拘留、拘留审查或者其他限制人身自由以及限制活动范围期间死亡的，有关省级公安机关应当通知该外国人所属国家驻华使馆、领馆，同时报告公安部并通报同级人民政府外事部门。

第二百五十六条 外国人在被行政拘留、拘留审查或者其他限制人身自由以及限制活动范围期间，其所属国家驻华外交、领事官员要求探视的，决定机关应当及时安排。该外国人拒绝其所属国家驻华外交、领事官员探视的，公安机关可以不予安排，但应当由其本人出具书面声明。

第二百五十七条 办理涉外行政案件，本章未作规定的，适用其他各章的有关规定。

第十四章 案件终结

第二百五十八条 行政案件具有下列情形之一的，应当予以结案：

（一）作出不予行政处罚决定的；

（二）按照本规定第十章的规定达成调解、和解协议并已履行的；

（三）作出行政处罚等处理决定，且已执行的；

（四）违法行为涉嫌构成犯罪，转为刑事案件办理的；

（五）作出处理决定后，因执行对象灭失、死亡等客观原因导致无法执行或者无需执行的。

第二百五十九条 经过调查，发现行政案件具有下列情形之一的，经公安派出所、县级公安机关办案部门或者出入境边防检查机关以上负责人批准，终止调查：

（一）没有违法事实的；

（二）违法行为已过追究时效的；

（三）违法嫌疑人死亡的；

（四）其他需要终止调查的情形。

终止调查时，违法嫌疑人已被采取行政强制措施的，应当立即解除。

第二百六十条 对在办理行政案件过程中形成的文书材料，应当按照一案一卷原则建立案卷，并按照有关规定在结案或者终止案件调查后将案卷移交档案部门保管或者自行保管。

第二百六十一条 行政案件的案卷应当包括下列内容：

（一）受案登记表或者其他发现案件的记录；

（二）证据材料；

（三）决定文书；

（四）在办理案件中形成的其他法律文书。

第二百六十二条 行政案件的法律文书及定性依据材料应当齐全完整，不得损毁、伪造。

第十五章 附 则

第二百六十三条 省级公安机关应当建立并不断完善统一的执法办案信息系统。

办案部门应当按照有关规定将行政案件的受理、调查取证、采取强制措施、处理等情况以及相关文书材料录入执法办案信息系统，并进行网上审核审批。

公安机关可以使用电子签名、电子指纹捺印技术制作电子笔录等材料，可以使用电子印章制作法律文书。对案件当事人进行电子签名、电子指纹捺印的过程，公安机关应当同步录音录像。

第二百六十四条 执行本规定所需要的法律文书式样，由公安部制定。公安部没有制定式样，执法工作中需要的其他法律文书，省级公安机关可以制定式样。

第二百六十五条 本规定所称“以上”、“以下”、“内”皆包括本数或者本级。

第二百六十六条 本规定自2013年1月1日起施行，依照《中华人民共和国出境入境管理法》新设定的制度自2013年7月1日起施行。2006年8月24日发布的《公安机关办理行政案件程序规定》同时废止。

公安部其他规章对办理行政案件程序有特别规定的，按照特别规定办理；没有特别规定的，按照本规定办理。

公安机关治安调解工作规范

（2007年12月8日　公通字〔2007〕81号）

第一条 为进一步规范公安机关治安调解工作，最大限度地增加和谐因素，最大限度地减少不和谐因素，化解社会矛盾，促进社会稳定，根据《中华人民共和国治安管理处罚法》和《公安机关办理行政案件程序规定》等规定，制定本规范。

第二条 本规范所称治安调解，是指对于因民间纠纷引起的打架斗殴或者损毁他人财物等违反治安管理、情节较轻的治安案件，在公安机关的主持下，以国家法律、法规和规章为依据，在查清事实、分清责任的基础上，劝说、教育并促使双方交换意见，达成协议，对治安案件做出处理的活动。

第三条 对于因民间纠纷引起的殴打他人、故意伤害、侮辱、诽谤、诬告陷害、故意损毁财物、干扰他人正常生活、侵犯隐私等违反治安管理行为，情节较轻的，经双方当事人同意，公安机关可以治安调解。

民间纠纷是指公民之间、公民和单位之间，在生活、工作、生产经营等活动中产生的纠纷。对不构成违反治安管理行为的民间纠纷，应当告知当事人向人民法院或者人民调解组织申请处理。

第四条 违反治安管理行为有下列情形之一的，不适用治安调解：

（一）雇凶伤害他人的；

（二）结伙斗殴的；

（三）寻衅滋事的；

（四）多次实施违反治安管理行为的；

（五）当事人在治安调解过程中又挑起事端的；

（六）其他不宜治安调解的。

第五条 治安调解应当依法进行调查询问，收集证据，在查明事实的基础上实施。

第六条 治安调解应当遵循以下原则：

（一）合法原则。治安调解应当按照法律规定的程序进行，双方当事人达成的协议必须符合法律规定。

（二）公正原则。治安调解应当分清责任，实事求是地提出调解意见，不得偏袒一方。

（三）公开原则。治安调解应当公开进行，涉及国家机密、商业秘密或者个人隐私，以及双方当事人都要求不公开的除外。

（四）自愿原则。治安调解应当在当事人双方自愿的基础上进行。达成协议的内容，必须是双方当事人真实意思表示。

（五）及时原则。治安调解应当及时进行，使当事人尽快达成协议，解决纠纷。治安调解不成应当在法定的办案期限内及时依法处罚，不得久拖不决。

（六）教育原则。治安调解应当通过查清事实，讲明道理，指出当事人的错误和违法之处，教育当事人自觉守法并通过合法途径解决纠纷。

第七条 被侵害人可以亲自参加治安调解，也可以委托其他人参加治安调解。委托他人参加治安调解的，应当向公安机关提交委托书，并注明委托权限。

第八条 公安机关进行治安调解时，可以邀请当地居（村）民委员会的人员或者双方当事人熟悉的人员参加。

当事人中有不满十六周岁未成年人的，调解时应当通知其父母或者其他监护人到场。

第九条 治安调解一般为一次，必要时可以增加一次。

对明显不构成轻伤、不需要伤情鉴定以及损毁财物价值不大，不需要进行价值认定的治安案件，应当在受理案件后的 3 个工作日内完成调解；对需要伤情鉴定或者价值认定的治安案件，应当在伤情鉴定文书和价值认定结论出具后的 3 个工作日内完成调解。

对一次调解不成，有必要再次调解的，应当在第一次调解后的 7 个工作日内完成。

第十条 治安调解达成协议的，在公安机关主持下制作《治安调解协议书》（式样附后），双方当事人应当在协议书上签名，并履行协议。

第十一条 《治安调解协议书》应当包括以下内容：

（一）治安调解机关名称，主持人、双方当事人和其他在场人员的基本情况；

（二）案件发生时间、地点、人员、起因、经过、情节、结果等情况；

（三）协议内容、履行期限和方式；

（四）治安调解机关印章、主持人、双方当事人及其他参加人签名、印章（捺指印）。

《治安调解协议书》一式三份，双方当事人各执一份，治安调解机关留存一份备查。

第十二条 调解协议履行期满三日内，办案民警应当了解协议履行情况。对已经履行调解协议的，应当及时结案，对没有履行协议的，应当及时了解情况，查清原因。对无正当理由不履行协议的，依法对违反治安管理行为人予以处罚，并告知当事人可以就民事争议依法向人民法院提起民事诉讼。

第十三条 治安调解案件的办案期限从未达成协议或者达成协议不履行之日起开始计算。

第十四条 公安机关对情节轻微，事实清楚，因果关系明确、不涉及医疗费用、物品损失或者双方当事人对医疗费用和物品损失的赔付无争议，符合治安调解条件，双方当事人同意现场调解并当场履行的治安案件，可以进行现场调解。

现场调解达成协议的，应当制作《现场治安调解协议书》一式三联（式样附后），由双方当事人签名。

第十五条 经治安调解结案的治安案件应当纳入统计范围，并根据案卷装订要求建立卷宗。

现场治安调解结案的治安案件，可以不制作卷宗，但办案部门应当将《现场治安调解协议书》按编号装订存档。

第十六条 公安机关人民警察在治安调解过程中，有徇私舞弊、滥用职权、不依法履行法定职责等情形的，依法给予行政处分；构成犯罪的，依法追究刑事责任。

第十七条 本规范自下发之日起施行。

公安机关执法公开规定

（2018年8月23日　公通字〔2018〕26号）

第一章　总　　则

第一条　为了规范公安机关执法公开行为，促进公安机关严格规范公正文明执法，保障公民、法人和其他组织依法获取执法信息，实现便民利民，制定本规定。

第二条　本规定适用于公安机关主动公开执法信息，以及开展网上公开办事。

公民、法人或者其他组织申请获取执法信息的，公安机关应当依照《中华人民共和国政府信息公开条例》的规定办理。

第三条　执法公开应当遵循合法有序、及时准确、便民利民的原则。

第四条　公安机关应当采取措施使社会广为知晓执法公开的范围、期限和途径，方便公民、法人和其他组织依法获取执法信息。

第五条　对涉及公共利益、公众普遍关注、需要社会知晓的执法信息，应当主动向社会公开；对不宜向社会公开，但涉及特定对象权利义务、需要特定对象知悉的执法信息，应当主动向特定对象告知或者提供查询服务。

第六条　公安机关不得公开涉及国家秘密或者警务工作秘密，以及可能影响国家安全、公共安全、经济安全和社会稳定或者妨害执法活动的执法信息。

公安机关不得向权利人以外的公民、法人或者其他组织公开涉及商业秘密、个人隐私的执法信息。但是，权利人同意公开，或者公安机关认为不公开可能对公共利益造成重大影响的，可以公开。

第七条　公安机关公开执法信息涉及其他部门的，应当在公开前与有关部门确认；公开执法信息依照国家有关规定需要批准的，应当在批准后公开。

第八条　公安机关应当对执法公开情况进行检查评估。执法信息不应当公开而公开的，应当立即撤回；公开的执法信息错误或者发生变更的，应当立即纠正或者更新；执法信息公开后可能或者已经造成严重后果的，应当依法紧急处置。

第二章　向社会公开

第九条　公安机关应当主动向社会公开下列信息：

（一）公安机关的职责权限，人民警察的权利义务、纪律要求和职业道德规范；

（二）涉及公民、法人和其他组织权利义务的规范性文件；

（三）刑事、行政、行政复议、国家赔偿等案件的受理范围、受理部门及其联系方式、申请条件及要求、办理程序及期限和对外法律文书式样，以及当事人的权利义务和监督救济渠道；

（四）行政管理相对人的权利义务和监督救济渠道；

（五）与执法相关的便民服务措施；

（六）举报投诉的方式和途径；

（七）承担对外执法任务的内设机构和派出机构的名称及其职责权限；

（八）窗口单位的办公地址、工作时间、联系方式以及民警姓名、警号；

（九）固定式交通技术监控设备的设置信息；

（十）采取限制交通措施、交通管制和现场管制的方式、区域、起止时间等信息；

（十一）法律、法规、规章和其他规范性文件规定应当向社会公开的其他执法信息。

前款第一项至第五项所列执法信息，上级机关公开后，下级公安机关可以通过适当途径使社会广为知晓。

第十条 公安机关应当向社会公开涉及公共利益、社会高度关注的重大案事件调查进展和处理结果，以及打击违法犯罪活动的重大决策和行动。但公开后可能影响国家安全、公共安全、经济安全和社会稳定或者妨害正常执法活动的除外。

第十一条 公安机关可以向社会公开辖区治安状况、道路交通安全形势、安全防范预警等信息。

第十二条 公安机关应当逐步向社会公开行政处罚决定、行政复议结果的生效法律文书。适用简易程序作出的行政处罚决定生效法律文书可以不向社会公开。

第十三条 法律文书有下列情形之一的，不得向社会公开：

（一）案件事实涉及国家秘密或者警务工作秘密的；

（二）被行政处罚人、行政复议申请人是未成年人的；

（三）经本机关负责人批准不予公开的其他情形。

第十四条 向社会公开法律文书，应当对文书中载明的自然人姓名作隐名处理，保留姓氏，名字以“某”替代。

第十五条 向社会公开法律文书，应当删除文书中载明的下列信息：

（一）自然人的住所地详址、工作单位、家庭成员、联系方式、公民身份号码、健康状况、机动车号牌号码，以及其他能够判明其身份和具体财产的信息；

（二）法人或者其他组织的涉及具体财产的信息；

（三）涉及公民个人隐私和商业秘密的信息；

（四）案件事实中涉及有伤风化的内容，以及可能诱发违法犯罪的细节描述；

（五）公安机关印章或者工作专用章；

（六）公安机关认为不宜公开的其他信息。

删除前款所列信息影响对文书正确理解的，可以用符号“×”作部分替代。

第十六条 向社会公开法律文书，除按照本规定第十四条、第十五条隐匿、删除相关信息外，应当保持与原文书内容一致。

第十七条 向社会公开执法信息，应当自该信息形成或者变更之日起20个工作日内进行。公众需要即时知晓的限制交通措施、交通管制和现场管制的信息，应当即时公开；辖区治安状况、道路交通安全形势和安全防范预警等信息，可以定期公开。法律、法规、规章和其他规范性文件对公开期限另有规定的，从其规定。

第十八条 向社会公开执法信息，应当通过互联网政府公开平台进行，同时可以通过公报、发布会、官方微博、移动客户端、自助终端，以及报刊、广播、电视等便于公众知晓的方式公布。

第十九条 向社会公开执法信息，由制作或者获取该信息的内设机构或者派出机构负责。必要时，征求政务公开、法制、保密部门的意见，并经本机关负责人批准。

第二十条 公安机关发现可能影响社会稳定、扰乱社会管理秩序的虚假或者不完整信息，应当在职责范围内及时发布准确信息予以澄清。

第三章 向特定对象公开

第二十一条 公安机关办理刑事、行政、行政复议、国家赔偿等案件，或者开展行政管理活动，法律、法规、规章和其他规范性文件规定向特定对象告知执法信息的，应当依照有关规定执行。

第二十二条 除按照本规定第二十一条向特定对象告知执法信息外，公安机关应当通过提供查询的方式，向报案或者控告的被害人、被侵害人或者其监护人、家属公开下列执法信息：

（一）办案单位名称、地址和联系方式；

（二）刑事立案、移送审查起诉、终止侦查、撤销案件等情况，对犯罪嫌疑人采取刑事强制措施的种类；

（三）行政案件受案、办理结果。

公安机关在接受报案时，应当告知报案或者控告的被害人、被侵害人或者其监护人、家属前款所列执法信息的查询方式和途径。

第二十三条 向特定对象提供执法信息查询服务，应当自该信息形成或者变更之日起5个工作日内进行。法律、法规和规范性文件对期限另有规定的，从其规定。

第二十四条 向特定对象提供执法信息查询服务，应当通过互联网政府公开平台进行，同时可以通过移动客户端、自助终端等方式进行。

第二十五条 向特定对象公开执法信息，由制作或者获取该信息的内设机构或者派出机构负责。

第四章 网上公开办事

第二十六条 公安机关应当开展行政许可、登记、备案等行政管理事项的网上办理。

除法律、法规、规章规定申请人应当到现场办理的事项或者环节外，公安机关不得要求申请人到现场办理。

第二十七条 网上公开办事应当提供下列服务：

（一）公开网上办事事项的名称、依据、申请条件、申请途径或者方式、申请需要提交材料清单、办理程序及期限，提供申请文书式样及示范文本；

（二）公开行政事业性收费事项的名称、依据、收费标准、办事程序和期限；

（三）网上咨询，解答相关法律政策、注意事项等常见问题；

（四）网上预约办理；

（五）申请文书的在线下载、网上制作，实现网上申请；

（六）受理情况、办理进展、办理结果等执法信息的网上查询。法律、法规、规章和其他规范性文件规定向申请人告知执法信息的，还应当依照有关规定告知。

公安机关在网上或者窗口单位接受办事事项申请时，应当告知申请人执法信息的查询方式和途径。

第二十八条 向申请人提供办事事项执法信息查询服务，应当自该信息形成或者变更之日起5个工作日内进行。法律、法规、规章和其他规范性文件另有规定的，从其规定。

第二十九条 开展网上公开办事，应当通过互联网政府网站进行，同时可以通过移动客户端、自助终端等方式进行。

向申请人告知办事事项执法信息，除依照法律、法规、规章和其他规范性文件规定的方式执行外，同时可以通过移动客户端、电话、电子邮件等方式告知。

第五章　监督和保障

第三十条　公安机关应当指定专门机构，负责组织、协调、推动执法公开工作，并为开展执法公开提供必要的人员、物质保障。

第三十一条　公安机关应当建立执法公开审核审批、保密审查、信息发布协调的程序和机制，实现执法公开规范化。

第三十二条　公安机关应当建设互联网政府公开平台，统一公开本机关执法信息。上级公安机关或者本级人民政府提供统一互联网公开平台的，可以通过该平台公开。

公安机关应当完善互联网政府网站办事服务功能，统一提供本机关网上办事服务。上级公安机关或者本级人民政府提供统一互联网办事服务载体的，可以通过该载体提供。

第三十三条　公安机关应当推动发展信息安全交互技术，为高效便捷开展执法公开提供技术支持。

第三十四条　公安机关应当开展执法公开满意度测评，可以通过互联网公开平台或者政府网站、移动客户端、自助终端、电话等方式进行，也可以在窗口单位现场进行。

第三十五条　公安机关可以委托第三方机构对执法公开情况进行评估，并参考评估结果改进工作。

第三十六条　公安机关应当将执法公开情况纳入执法质量考评和绩效考核范围，建立完善奖惩机制。

第三十七条　公民、法人或者其他组织认为公安机关未按照本规定履行执法公开义务的，可以向该公安机关或者其上一级公安机关投诉。

第三十八条　有下列情形之一的，应当立即改正；情节严重的，依照有关规定对主管人员和其他责任人员予以处理：

（一）未按照本规定履行执法公开义务的；

（二）公开的信息错误、不准确且不及时更正，或者弄虚作假的；

（三）公开不应当公开的信息且不及时撤回的；

（四）违反本规定的其他行为。

第六章　附　　则

第三十九条　各省、自治区、直辖市公安厅、局，新疆生产建设兵团公安局可以根据本规定，结合本地实际，制定实施细则。

第四十条　本规定未涉及的公开事项，依照有关法律、法规、规章和其他规范性文件的规定执行。

第四十一条 本规定自2018年12月1日起施行，2012年8月18日印发的《公安机关执法公开规定》同时废止。

公安机关涉案财物管理若干规定

（2015年7月22日 公通字〔2015〕21号）

第一章 总 则

第一条 为进一步规范公安机关涉案财物管理工作，保护公民、法人和其他组织的合法财产权益，保障办案工作依法有序进行，根据有关法律、法规和规章，制定本规定。

第二条 本规定所称涉案财物，是指公安机关在办理刑事案件和行政案件过程中，依法采取查封、扣押、冻结、扣留、调取、先行登记保存、抽样取证、追缴、收缴等措施提取或者固定，以及从其他单位和个人接收的与案件有关的物品、文件和款项，包括：

（一）违法犯罪所得及其孳息；

（二）用于实施违法犯罪行为的工具；

（三）非法持有的淫秽物品、毒品等违禁品；

（四）其他可以证明违法犯罪行为发生、违法犯罪行为情节轻重的物品和文件。

第三条 涉案财物管理实行办案与管理相分离、来源去向明晰、依法及时处理、全面接受监督的原则。

第四条 公安机关管理涉案财物，必须严格依法进行。任何单位和个人不得贪污、挪用、私分、调换、截留、坐支、损毁、擅自处理涉案财物。

对于涉及国家秘密、商业秘密、个人隐私的涉案财物，应当保密。

第五条 对涉案财物采取措施，应当严格依照法定条件和程序进行，履行相关法律手续，开具相应法律文书。严禁在刑事案件立案之前或者行政案件受案之前对财物采取查封、扣押、冻结、扣留措施，但有关法律、行政法规另有规定的除外。

第六条 公安机关对涉案财物采取措施后，应当及时进行审查。经查明确实与案件无关的，应当在三日以内予以解除、退还，并通知有关当事人。对与本案无关，但有证据证明涉及其他部门管辖的违纪、违法、犯罪行为的财物，应当依照相关法律规定，连同有关线索移送有管辖权的部门处理。

对涉案财物采取措施，应当为违法犯罪嫌疑人及其所扶养的亲属保留必需的生活费用和物品；根据案件具体情况，在保证侦查活动正常进行的同时，可以允许有关当事人继续合理使用有关涉案财物，并采取必要的保值保管措施，以减少侦查办案对正常办公和合法生产经营的影响。

第七条 公安机关对涉案财物进行保管、鉴定、估价、公告等，不得向当事人收取费用。

第二章 涉案财物的保管

第八条 公安机关应当完善涉案财物管理制度，建立办案部门与保管部门、办案人员与保管人员相互制约制度。

公安机关应当指定一个部门作为涉案财物管理部门，负责对涉案财物实行统一管理，并设立或者指定专门保管场所，对各办案部门经手的全部涉案财物或者价值较大、管理难度较高的涉案财物进行集中保管。涉案财物集中保管的范围，由地方公安机关根据本地区实际情况确定。

对于价值较低、易于保管，或者需要作为证据继续使用，以及需要先行返还被害人、被侵害人的涉案财物，可以由办案部门设置专门的场所进行保管。

办案部门应当指定不承担办案工作的民警负责本部门涉案财物的接收、保管、移交等管理工作；严禁由办案人员自行保管涉案财物。

第九条 公安机关应当设立或者指定账户，作为本机关涉案款项管理的唯一合规账户。

办案部门扣押涉案款项后，应当立即将其移交涉案财物管理部门。涉案财物管理部门应当对涉案款项逐案设立明细账，存入唯一合规账户，并将存款回执交办案部门附卷保存。但是，对于具有特定特征、能够证明某些案件事实而需要作为证据使用的现金，应当交由涉案财物管理部门或者办案部门涉案财物管理人员，作为涉案物品进行管理，不再存入唯一合规账户。

第十条 公安机关应当建立涉案财物集中管理信息系统，对涉案财物信息进行实时、全程录入和管理，并与执法办案信息系统关联。涉案财物管理人员应当对所有涉案财物逐一编号，并将案由、来源、财物基本情况、保管状态、场所和去向等信息录入信息系统。

第十一条 对于不同案件、不同种类的涉案财物，应当分案、分类保管。

涉案财物保管场所和保管措施应当适合被保管财物的特性，符合防火、防盗、防潮、防蛀、防磁、防腐蚀等安全要求。涉案财物保管场所应当安装视频监控设备，并配备必要的储物容器、一次性储物袋、计量工具等物品。有条件的地方，可以会同人民法院、人民检察院等部门，建立多部门共用的涉案财物管理中心，对涉案财物进行统一管理。

对于易燃、易爆、毒害性、放射性等危险物品，鲜活动植物，大宗物品，车辆、船舶、航空器等大型交通工具，以及其他对保管条件、保管场所有特殊要求的涉案财物，应当存放在符合条件的专门场所。公安机关没有具备保管条件的场所的，可以委托具有相应条件、资质或者管理能力的单位代为保管。

依法对文物、金银、珠宝、名贵字画等贵重财物采取查封、扣押、扣留等措施的，应当拍照或者录像，并及时鉴定、估价；必要时，可以实行双人保管。

未经涉案财物管理部门或者管理涉案财物的办案部门负责人批准，除保管人员以外的其他人员不得进入涉案财物保管场所。

第十二条 办案人员依法提取涉案财物后，应当在二十四小时以内按照规定将其移交涉案财物管理部门或者本部门的涉案财物管理人员，并办理移交手续。

对于采取查封、冻结、先行登记保存等措施后不在公安机关保管的涉案财物，办案人员应当在采取有关措施后的二十四小时以内，将相关法律文书和清单的复印件移交涉案财物管理人员予以登记。

第十三条 因情况紧急，需要在提取后的二十四小时以内开展鉴定、辨认、检验、检查等工作的，经办案部门负责人批准，可以在上述工作完成后的二十四小时以内将涉案财物移交涉案财物管理人员，并办理移交手续。

异地办案或者在偏远、交通不便地区办案的，应当在返回办案单位后的二十四小时以内办理移交手续；行政案件在提取后的二十四小时以内已将涉案财物处理完毕的，可以不办理移交手续，但应当将处理涉案财物的相关手续附卷保存。

第十四条 涉案财物管理人员对办案人员移交的涉案财物，应当对照有关法律文书当场查验核对、登记入册，并与办案人员共同签名。

对于缺少法律文书、法律文书对必要事项记载不全或者实物与法律文书记载严重不符的，涉案财物管理人员可以拒绝接收涉案财物，并应当要求办案人员补齐相关法律文书、信息或者财物。

第十五条 因讯问、询问、鉴定、辨认、检验、检查等办案工作需要，经办案部门负责人批准，办案人员可以向涉案财物管理人员调用涉案财物。调用结束后，应当在二十四小时以内将涉案财物归还涉案财物管理人员。

因宣传教育等工作需要调用涉案财物的，应当经公安机关负责人批准。

涉案财物管理人员应当详细登记调用人、审批人、时间、事由、期限、调用的涉案财物状况等事项。

第十六条 调用人应当妥善保管和使用涉案财物。调用人归还涉案财物时，涉案财物管理人员应当进行检查、核对。对于有损毁、短少、调换、灭失等情况的，涉案财物管理人员应当如实记录，并报告调用人所属部门负责人和涉案财物管理部门负责人。因鉴定取样等事由导致涉案财物出现合理损耗的，不需要报告，但调用人应当向涉案财物管理人员提供相应证明材料和书面说明。

调用人未按照登记的调用时间归还涉案财物的，涉案财物管理人员应当报告调用人所属部门负责人；有关负责人应当责令调用人立即归还涉案财物。确需继续调用涉案财物的，调用人应当按照原批准程序办理延期手续，并交由涉案财物管理人员留存。

第十七条 办案部门扣押、扣留涉案车辆时，应当认真查验车辆特征，并在清单或者行政强制措施凭证中详细载明当事人的基本情况、案由、厂牌型号、识别代码、牌照号码、行驶里程、重要装备、车身颜色、车辆状况等情况。

对车辆内的物品，办案部门应当仔细清点。对与案件有关，需要作为证据使用的，应当依法扣押；与案件无关的，通知当事人或者其家属、委托的人领取。

公安机关应当对管理的所有涉案车辆进行专门编号登记，严格管理，妥善保管，非因法定事由并经公安机关负责人批准，不得调用。

对船舶、航空器等交通工具采取措施和进行管理，参照前三款规定办理。

第三章 涉案财物的处理

第十八条 公安机关应当依据有关法律规定，及时办理涉案财物的移送、返还、变卖、拍卖、销毁、上缴国库等工作。

对刑事案件中作为证据使用的涉案财物，应当随案移送；对于危险品、大宗大型物品以及容易腐烂变质等不宜随案移送的物品，应当移送相关清单、照片或者其他证明文件。

第十九条 有关违法犯罪事实查证属实后，对于有证据证明权属明确且无争议的被害人、被侵害人合法财产及其孳息，凡返还不损害其他被害人、被侵害人或者利害关系人的利益，不影响案件正常办理的，应当在登记、拍照或者录像和估价后，报经县级以上公安机关负责人批准，开具发还清单并返还被害人、被侵害人。办案人员应当在案卷材料中注明返还的理由，并将原物照片、发还清单和被害人、被侵害人的领取手续存卷备查。

领取人应当是涉案财物的合法权利人或者其委托的人，办案人员或者公安机关其他工作人员不得代为领取。

第二十条 对于刑事案件依法撤销、行政案件因违法事实不能成立而作出不予行政处罚决定的，除依照法律、行政法规有关规定另行处理的以外，公安机关应当解除对涉案财物采取的相关措施并返还当事人。

人民检察院决定不起诉、人民法院作出无罪判决，涉案财物由公安机关管理的，公安机关应当根据人民检察院的书面通知或者人民法院的生效判决，解除对涉案财物采取的相关措施并返还当事人。

人民法院作出有罪判决，涉案财物由公安机关管理的，公安机关应当根据人民法院的生效判决，对涉案财物作出处理。人民法院的判决没有明确涉案财物如何处理的，公安机关应当征求人民法院意见。

第二十一条 对于因自身材质原因易损毁、灭失、腐烂、变质而不宜长期保存的食品、药品及其原材料等物品，长期不使用容易导致机械性能下降、价值贬损的车辆、船舶等物品，市场价格波动大的债券、股票、基金份额等财产和有效期即将届满的汇票、本票、支票等，权利人明确的，经其本人书面同意或者申请，并经县级以上公安机关主要负责人批准，可以依法变卖、拍卖，所得款项存入本单位唯一合规账户；其中，对于冻结的债券、股票、基金份额等财产，有对应的银行账户的，应当将变现后的款项继续冻结在对应账户中。

对涉案财物的变卖、拍卖应当坚持公开、公平原则，由县级以上公安机关商本级人民政府财政部门统一组织实施，严禁暗箱操作。

善意第三人等案外人与涉案财物处理存在利害关系的，公安机关应当告知其相关诉讼权利。

第二十二条 公安机关在对违法行为人、犯罪嫌疑人依法作出限制人身自由的处罚或者采取限制人身自由的强制措施时，对其随身携带的与案件无关的财物，应当按照《公安机关代为保管涉案人员随身财物若干规定》有关要求办理。

第二十三条 对于违法行为人、犯罪嫌疑人或者其家属、亲友给予被害人、被侵害人退、赔款物的，公安机关应当通知其向被害人、被侵害人或者其家属、委托的人直接交付，并将退、赔情况及时书面告知公安机关。公安机关不得将退、赔款物作为涉案财物扣押或者暂存，但需要作为证据使用的除外。

被害人、被侵害人或者其家属、委托的人不愿意当面接收的，经其书面同意或者申请，公安机关可以记录其银行账号，通知违法行为人、犯罪嫌疑人或者其家属、亲友将退、赔款项汇入该账户。

公安机关应当将双方的退赔协议或者交付手续复印附卷保存，并将退赔履行情况记录在案。

第四章 监督与救济

第二十四条 公安机关应当将涉案财物管理工作纳入执法监督和执法质量考评范围；定期或者不定期组织有关部门对本机关及办案部门负责管理的

涉案财物进行核查，防止涉案财物损毁、灭失或者被挪用、不按规定及时移交、移送、返还、处理等；发现违法采取措施或者管理不当的，应当责令有关部门及时纠正。

第二十五条 公安机关纪检、监察、警务督察、审计、装备财务、警务保障、法制等部门在各自职权范围内对涉案财物管理工作进行监督。

公安机关负责人在审批案件时，应当对涉案财物情况一并进行严格审查，发现对涉案财物采取措施或者处理不合法、不适当的，应当责令有关部门立即予以纠正。

法制部门在审核案件时，发现对涉案财物采取措施或者处理不合法、不适当的，应当通知办案部门及时予以纠正。

第二十六条 办案人员有下列行为之一的，应当根据其行为的情节和后果，依照有关规定追究责任；涉嫌犯罪的，移交司法机关依法处理：

（一）对涉案财物采取措施违反法定程序的；

（二）对明知与案件无关的财物采取查封、扣押、冻结等措施的；

（三）不按照规定向当事人出具有关法律文书的；

（四）提取涉案财物后，在规定的时限内无正当理由不向涉案财物管理人员移交涉案财物的；

（五）擅自处置涉案财物的；

（六）依法应当将有关财物返还当事人而拒不返还，或者向当事人及其家属等索取费用的；

（七）因故意或者过失，致使涉案财物损毁、灭失的；

（八）其他违反法律规定的行为。

案件审批人、审核人对于前款规定情形的发生负有责任的，依照前款规定处理。

第二十七条 涉案财物管理人员不严格履行管理职责，有下列行为之一的，应当根据其行为的情节和后果，依照有关规定追究责任；涉嫌犯罪的，移交司法机关依法处理：

（一）未按照规定严格履行涉案财物登记、移交、调用等手续的；

（二）因故意或者过失，致使涉案财物损毁、灭失的；

（三）发现办案人员不按照规定移交、使用涉案财物而不及时报告的；

（四）其他不严格履行管理职责的行为。

调用人有前款第一项、第二项行为的，依照前款规定处理。

第二十八条 对于贪污、挪用、私分、调换、截留、坐支、损毁涉案财物，以及在涉案财物拍卖、变卖过程中弄虚作假、中饱私囊的有关领导和直接责任人员，应当依照有关规定追究责任；涉嫌犯罪的，移交司法机关依法处理。

第二十九条 公安机关及其工作人员违反涉案财物管理规定，给当事人造成损失的，公安机关应当依法予以赔偿，并责令有故意或者重大过失的有关领导和直接责任人员承担部分或者全部赔偿费用。

第三十条 在对涉案财物采取措施、管理和处置过程中，公安机关及其工作人员存在违法违规行为，损害当事人合法财产权益的，当事人和辩护人、诉讼代理人、利害关系人有权向公安机关提出投诉、控告、举报、复议或者国家赔偿。公安机关应当依法及时受理，并依照有关规定进行处理；对于情况属实的，应当予以纠正。

上级公安机关发现下级公安机关存在前款规定的违法违规行为，或者对投诉、控告、举报或者复议事项不按照规定处理的，应当责令下级公安机关限期纠正，下级公安机关应当立即执行。

第五章 附 则

第三十一条 各地公安机关可以根据本规定，结合本地和各警种实际情况，制定实施细则，并报上一级公安机关备案。

第三十二条 本规定自2015年9月1日起施行。2010年11月4日印发的《公安机关涉案财物管理若干规定》（公通字〔2010〕57号）同时废止。公安部此前制定的有关涉案财物管理的规范性文件与本规定不一致的，以本规定为准。

公安机关信访工作规定（节录）

（2023年5月19日 公通字〔2023〕9号）

……

第三章 信访事项的分类处理

第二十条 公安机关办理涉及公安机关及其工作人员履行职责、队伍管理问题的信访事项。

第二十一条 根据信访事项的性质、内容和主要诉求，信访事项分为申诉求决类、建议意见类、检举控告类等事项。

信访事项既有申诉求决诉求又有检举控告诉求，检举控告有实质内容的，分别处理；检举控告无实质内容的，按申诉求决类事项处理。

第二十二条 对申诉求决类信访事项，根据诉求内容及处理的程序，分为下列事项：

（一）通过法律程序处理的事项；

（二）通过复核、申诉等程序解决的人事争议事项；

（三）通过党员申诉、申请复审等程序解决的事项；

（四）不属于以上情形的事项。

第二十三条 符合下列诉求的信访事项属于通过法律程序处理的事项：

（一）申请查处违法犯罪行为、保护人身权或者财产权等合法权益的；

（二）可以通过行政裁决、行政确认、行政许可、行政处罚、政府信息公开等行政程序解决的；

（三）对公安机关作出的行政行为不服的；

（四）对公安机关依据刑事诉讼法授权的行为不服的；

（五）认为公安机关及其工作人员行使职权侵犯合法权益，造成损害，要求取得国家赔偿的；

（六）对公安机关出具或者委托其他机构出具的认定、鉴定意见不服，要求复核或者重新认定、鉴定的；

（七）公安机关通过法律程序处理的其他事项。

第二十四条 建议意见类信访事项由所提建议意见指向公安机关涉及职责的相关部门办理。

第二十五条 检举控告类信访事项由对被检举控告人有管理权限的公安机关纪律检查、组织人事等部门办理。

第二十六条 本规定第二十二条第一项至第三项信访事项，依照党内法规和法律法规由有权处理的公安机关相关部门办理；本规定第二十二条第四项信访事项，由诉求内容指向公安机关的信访部门办理。

第二十七条 信访事项涉及两个以上公安机关的，由相关公安机关协商；协商不成的，由共同的上一级公安机关指定的公安机关办理。

必要时，上级公安机关可以直接办理由下级公安机关办理的信访事项。

办理信访事项的公安机关分立、合并、撤销的，由继续行使其职权的公安机关办理；没有继续行使其职权的公安机关，由原公安机关的上一级公安机关或者其指定的公安机关办理。

第二十八条 信访事项涉及公安机关两个以上部门，或者相关部门对承办信访事项有异议的，由信访部门与相关部门协商；协商不成的，由信访部门提出意见后提请本级信访工作领导小组决定。

信访事项涉及的部门分立、合并、撤销的，由继续行使其职权的部门承办；继续行使其职权的部门不明确的，由信访部门提出意见后提请本级信访工作领导小组决定。

第四章　信访事项的提出和接收

第二十九条　公安机关应当向社会公布网络信访渠道、通信地址、投诉电话、信访接待的时间和地点、查询信访事项处理进展及结果的方式等相关事项。在信访接待场所或者互联网门户网站公布与信访工作有关的党内法规和法律法规、规范性文件，信访事项的处理程序，以及为信访人提供便利的其他事项。

第三十条　信访人一般应当采用书面形式并通过本规定第二十九条规定的信访渠道提出信访事项，载明其姓名（名称）、住址、联系方式和请求、事实、理由。对采用口头形式提出的信访事项，接待部门应当如实记录。

第三十一条　信访人采用走访形式提出信访事项的，应当到有权处理的公安机关或者上一级公安机关设立或者指定的接待场所提出。

多人采用走访形式提出共同的信访事项的，应当推选代表，代表人数不得超过5人。

第三十二条　信访人在信访过程中应当遵守法律、法规，不得损害国家、社会、集体的利益和其他公民的合法权利，自觉维护社会公共秩序和信访秩序，不得有下列行为：

（一）在机关、单位办公场所周围、公共场所非法聚集，围堵、冲击机关、单位，拦截公务车辆，或者堵塞、阻断交通；

（二）携带危险物品、管制器具；

（三）侮辱、殴打、威胁机关、单位工作人员，非法限制他人人身自由，或者毁坏财物；

（四）在信访接待场所滞留、滋事，或者将生活不能自理的人弃留在信访接待场所；

（五）煽动、串联、胁迫、以财物诱使、幕后操纵他人信访，或者以信访为名借机敛财；

（六）其他扰乱公共秩序、妨害国家和公共安全的行为。

第三十三条　对信访人直接提出的信访事项，公安机关应当接收，登记录入信访信息系统，按照下列方式处理：

（一）属于本机关职权范围且属于本规定第三十五条情形的，由信访部门转送有权处理的部门，并告知信访人接收情况以及处理途径和程序；属于本机关职权范围且属于本规定第二十二条第四项情形的，予以受理并告知信访人；

（二）属于下级公安机关职权范围的，自收到信访事项之日起15日内转送有权处理机关，转送信访事项中的重要情况需要反馈处理结果的予以交办，要求在指定期限内反馈结果，并告知信访人转送、交办去向；

（三）不属于本机关及下级公安机关职权范围的，告知信访人向有权处理的机关、单位提出。

前款规定的告知信访人，能够当场告知的，应当当场书面告知；不能当场告知的，应当自收到信访事项之日起 15 日内书面告知信访人，但信访人的姓名（名称）、住址不清的除外。

第三十四条 对党委政府信访部门和上级公安机关转送、交办的信访事项，按照下列方式处理：

（一）属于本机关职权范围的，按照本规定第三十三条第一款第一项、第二款规定处理；

（二）属于下级公安机关职权范围的，及时转送、交办有权处理机关；

（三）不属于本机关及下级公安机关职权范围的，自收到信访事项之日起 5 个工作日内提出异议并说明理由，经转送、交办的党委政府部门或者上级机关同意后退回；未能退回的，自收到信访事项之日起 15 日内书面告知信访人向有权处理的机关、单位提出。

对交办的信访事项，有权处理的公安机关应当在指定期限内办结，并向交办机关提交报告。

第五章　专门程序类事项的办理

第三十五条 专门程序类事项包括下列信访事项：

（一）建议意见类事项；

（二）检举控告类事项；

（三）本规定第二十二条第一项至第三项事项。

第三十六条 公安机关应当建立人民建议征集制度，主动听取群众建议意见并认真研究论证。对维护国家安全和社会稳定，或者加强改进公安工作和队伍建设有现实可行性的，应当采纳或者部分采纳，并予以回复。符合有关奖励规定的给予奖励。

第三十七条 对检举控告类信访事项，公安机关应当依规依纪依法办理和反馈。重大情况向公安机关主要领导报告。

不得将信访人的检举、揭发材料以及有关情况透露或者转给被检举、揭发的人员或者单位。

第三十八条 对本规定第二十二条第一项至第三项信访事项，公安机关应当导入党内法规和法律法规规定的程序办理，并依照规定将办理结果告知信访人。承办的部门在办结后 5 个工作日内将处理情况及结果书面反馈信访部门。

需要依申请启动的，公安机关应当告知信访人需要提供的相关材料；诉求缺乏形式要件的，可以根据情况要求信访人补充。

对本规定第二十三条第一项信访事项，法律法规没有履职期限规定的，应当自收到信访事项之日起两个月内履行或者答复。

第三十九条 对本级或者下级公安机关正在办理的信访事项，信访人以同一事实和理由提出信访诉求的，公安机关应当告知信访人办理情况。

第四十条 信访事项已经按照本规定第三十八条规定作出处理，信访人仍以同一事实和理由提出信访诉求的，公安机关不再重复处理；信访人提出新的事实和理由的，告知信访人按照相应的途径和程序提出。

第四十一条 对本规定第二十二条第一项信访事项，已经办结且符合法律规定要求，信访人仍反复提出相同信访诉求的，可以作出信访事项终结认定。信访事项终结的，认定机关应当书面告知信访人。

省级及以下公安机关办理信访事项的终结由省级公安机关认定。公安部办理信访事项的终结由公安部认定。

信访事项终结后，信访人仍以同一事实和理由提出信访诉求的，上级公安机关不再转送、交办。

第六章　信访程序类事项的办理

第一节　办理要求

第四十二条 对本规定第二十二条第四项信访事项，公安机关应当按照信访程序办理。

信访程序分为简易程序和普通程序。

第四十三条 下列初次信访事项可以适用简易程序：

（一）事实清楚、责任明确、争议不大、易于解决的；

（二）对提出的诉求可以即时反馈的；

（三）涉及群众日常生产生活、时效性强，应当即时处理的；

（四）有关机关已有明确承诺或者结论的；

（五）其他可以适用简易程序办理的。

第四十四条 下列信访事项不适用简易程序：

（一）党委政府信访部门和上级公安机关交办的；

（二）可能对信访人诉求不支持的；

（三）涉及多个责任主体或者集体联名投诉的重大、复杂、疑难等不宜适用简易程序办理的。

第四十五条 适用简易程序的，公安机关应当自收到信访事项之日起 3 个工作日内受理，并自受理之日起 10 个工作日内作出处理意见。

告知信访人受理和处理意见，除信访人要求出具纸质文书的，可以通过信息网络、手机短信等快捷方式告知；告知受理的，还可以采用当面口头方式。

第四十六条 适用简易程序办理过程中，信访部门发现不宜适用简易程序办理或者适用简易程序办理信访诉求未得到妥善解决的，应当经公安机关负责人批准后适用普通程序继续办理。

转为适用普通程序继续办理的信访事项，办理时限从适用简易程序受理之日起计算。

第四十七条 适用普通程序的，信访部门可以要求相关部门提出处理意见，或者当面听取信访人陈述事实和理由，向信访人、有关组织和人员调查，要求说明情况。对重大、复杂、疑难的信访事项，可以举行听证。

第四十八条 适用普通程序的，公安机关应当自受理之日起 60 日内办结；情况复杂的，经本机关负责人批准，可以延长办理期限，延长期限不得超过 30 日，并书面告知信访人延期理由。

第四十九条 在不违反法律法规强制性规定的情况下，公安机关可以在裁量权范围内，经争议双方当事人同意进行调解；可以引导争议双方当事人自愿和解。经调解、和解达成一致意见的，应当制作调解协议书或者和解协议书。

第五十条 公安机关应当按照下列规定作出处理，出具信访处理意见书并送达信访人：

（一）请求事实清楚，符合法律、法规、规章或者其他有关规定的，予以支持；

（二）请求事由合理但缺乏法律、法规、规章或者其他有关依据的，作出解释说明；

（三）请求缺乏事实根据，或者不符合法律、法规、规章或者其他有关规定的，不予支持。

信访处理意见书应当载明信访人投诉请求、事实和理由、处理意见及其法律法规依据。

支持信访请求的，信访部门应当督促相关部门执行；不予支持的，应当做好信访人的疏导教育工作。

第五十一条 对本级或者下级公安机关已经受理或者正在办理的信访事项，信访人在规定期限内以同一事实和理由再次提出信访诉求的，公安机关不重复受理并告知信访人。

第二节 复查和复核

第五十二条 信访人对公安机关的信访处理意见不服的，可以自收到信访处理意见书之日起 30 日内向处理机关的本级人民政府或者上一级公安机关提出复查请求。

第五十三条 信访人对公安机关的复查意见不服的，可以自收到信访复查意见书之日起30日内向复查机关的本级人民政府或者上一级公安机关提出复核请求。

第五十四条 信访人对省级公安机关的信访处理意见、复查意见不服的，向省级人民政府提出复查、复核请求。

第五十五条 复查、复核机关应当自收到请求之日起30日内办结。

对重大、复杂、疑难的信访事项，复核机关可以举行听证。复核机关决定听证的，应当自收到复核请求之日起30日内举行。听证所需时间不计算在复核期限内。

第五十六条 复查、复核机关应当按照下列规定作出处理，出具信访复查、复核意见书并送达信访人：

（一）信访处理意见、复查意见符合法律、法规、规章或者其他有关规定的，予以维持；

（二）信访处理意见、复查意见不符合法律、法规、规章或者其他有关规定的，予以撤销并责令30日内重新作出处理或者依职权直接变更。

对前款第二项撤销并责令重新作出处理的，原处理机关不得以同一事实和理由作出与原意见相同或者基本相同的处理意见或者复查意见。

第五十七条 复查、复核机关发现信访事项办理应当适用本规定第三十八条而未适用的，撤销信访处理意见、复查意见，责令重新处理；或者变更原处理意见、复查意见。

第五十八条 信访人对信访复核意见不服，仍然以同一事实和理由提出信访诉求的，公安机关不再受理并书面告知信访人。

……

第八章　附　则

第六十八条 本规定所称相关部门是指公安机关信访部门以外的内设机构和派出机构。

第六十九条 公安机关所属单位的信访工作，适用本规定。

第七十条 本规定自2023年7月1日起实施。

公安机关受理行政执法机关移送涉嫌犯罪案件规定

（2016 年 6 月 16 日　公通字〔2016〕16 号）

第一条　为规范公安机关受理行政执法机关移送涉嫌犯罪案件工作，完善行政执法与刑事司法衔接工作机制，根据有关法律、法规，制定本规定。

第二条　对行政执法机关移送的涉嫌犯罪案件，公安机关应当接受，及时录入执法办案信息系统，并检查是否附有下列材料：

（一）案件移送书，载明移送机关名称、行政违法行为涉嫌犯罪罪名、案件主办人及联系电话等。案件移送书应当附移送材料清单，并加盖移送机关公章；

（二）案件调查报告，载明案件来源、查获情况、嫌疑人基本情况、涉嫌犯罪的事实、证据和法律依据、处理建议等；

（三）涉案物品清单，载明涉案物品的名称、数量、特征、存放地等事项，并附采取行政强制措施、现场笔录等表明涉案物品来源的相关材料；

（四）附有鉴定机构和鉴定人资质证明或者其他证明文件的检验报告或者鉴定意见；

（五）现场照片、询问笔录、电子数据、视听资料、认定意见、责令整改通知书等其他与案件有关的证据材料。

移送材料表明移送案件的行政执法机关已经或者曾经作出有关行政处罚决定的，应当检查是否附有有关行政处罚决定书。

对材料不全的，应当在接受案件的二十四小时内书面告知移送的行政执法机关在三日内补正。但不得以材料不全为由，不接受移送案件。

第三条　对接受的案件，公安机关应当按照下列情形分别处理：

（一）对属于本公安机关管辖的，迅速进行立案审查；

（二）对属于公安机关管辖但不属于本公安机关管辖的，移送有管辖权的公安机关，并书面告知移送案件的行政执法机关；

（三）对不属于公安机关管辖的，退回移送案件的行政执法机关，并书面说明理由。

第四条　对接受的案件，公安机关应当立即审查，并在规定的时间内作出立案或者不立案的决定。

决定立案的，应当书面通知移送案件的行政执法机关。对决定不立案的，应当说明理由，制作不予立案通知书，连同案卷材料在三日内送达移送案件的行政执法机关。

第五条 公安机关审查发现涉嫌犯罪案件移送材料不全、证据不充分的，可以就证明有犯罪事实的相关证据要求等提出补充调查意见，商请移送案件的行政执法机关补充调查。必要时，公安机关可以自行调查。

第六条 对决定立案的，公安机关应当自立案之日起三日内与行政执法机关交接涉案物品以及与案件有关的其他证据材料。

对保管条件、保管场所有特殊要求的涉案物品，公安机关可以在采取必要措施固定留取证据后，商请行政执法机关代为保管。

移送案件的行政执法机关在移送案件后，需要作出责令停产停业、吊销许可证等行政处罚，或者在相关行政复议、行政诉讼中，需要使用已移送公安机关证据材料的，公安机关应当协助。

第七条 单位或者个人认为行政执法机关办理的行政案件涉嫌犯罪，向公安机关报案、控告、举报或者自首的，公安机关应当接受，不得要求相关单位或者人员先行向行政执法机关报案、控告、举报或者自首。

第八条 对行政执法机关移送的涉嫌犯罪案件，公安机关立案后决定撤销案件的，应当将撤销案件决定书连同案卷材料送达移送案件的行政执法机关。对依法应当追究行政法律责任的，可以同时向行政执法机关提出书面建议。

第九条 公安机关应当定期总结受理审查行政执法机关移送涉嫌犯罪案件情况，分析衔接工作中存在的问题，并提出意见建议，通报行政执法机关、同级人民检察院。必要时，同时通报本级或者上一级人民政府，或者实行垂直管理的行政执法机关的上一级机关。

第十条 公安机关受理行政执法机关移送涉嫌犯罪案件，依法接受人民检察院的法律监督。

第十一条 公安机关可以根据法律法规，联合同级人民检察院、人民法院、行政执法机关制定行政执法机关移送涉嫌犯罪案件类型、移送标准、证据要求、法律文书等文件。

第十二条 本规定自印发之日起实施。

中华人民共和国刑法（节录）

（1979 年 7 月 1 日第五届全国人民代表大会第二次会议通过　1997 年 3 月 14 日第八届全国人民代表大会第五次会议修订　根据 1998 年 12 月 29 日第九届全国人民代表大会常务委员会第六次会议通过的《全国人民代表大会常务委员会关于惩治骗购外汇、逃汇和非法买卖外汇犯罪的决定》、1999 年 12 月 25 日第九届全国人民代表大会常务委员会第十三次会议通过的《中华人民共和国刑法修正案》、2001 年 8 月 31 日第九届全国人民代表大会常务委员会第二十三次会议通过的《中华人民共和国刑法修正案（二）》、2001 年 12 月 29 日第九届全国人民代表大会常务委员会第二十五次会议通过的《中华人民共和国刑法修正案（三）》、2002 年 12 月 28 日第九届全国人民代表大会常务委员会第三十一次会议通过的《中华人民共和国刑法修正案（四）》、2005 年 2 月 28 日第十届全国人民代表大会常务委员会第十四次会议通过的《中华人民共和国刑法修正案（五）》、2006 年 6 月 29 日第十届全国人民代表大会常务委员会第二十二次会议通过的《中华人民共和国刑法修正案（六）》、2009 年 2 月 28 日第十一届全国人民代表大会常务委员会第七次会议通过的《中华人民共和国刑法修正案（七）》、2009 年 8 月 27 日第十一届全国人民代表大会常务委员会第十次会议通过的《全国人民代表大会常务委员会关于修改部分法律的决定》、2011 年 2 月 25 日第十一届全国人民代表大会常务委员会第十九次会议通过的《中华人民共和国刑法修正案（八）》、2015 年 8 月 29 日第十二届全国人民代表大会常务委员会第十六次会议通过的《中华人民共和国刑法修正案（九）》、2017 年 11 月 4 日第十二届全国人民代表大会常务委员会第三十次会议通过的《中华人民共和国刑法修正案（十）》、2020 年 12 月 26 日第十三届全国人民代表大会常务委员会第二十四次会议通过的《中华人民共和国刑法修正案（十一）》和 2023 年 12 月 29 日第十四届全国人民代表大会常务委员会第七次会议通过的《中华人民共和国刑法修正案（十二）》修正）①

……

① 刑法、历次刑法修正案、涉及修改刑法的决定的施行日期，分别依据各法律所规定的施行日期确定。

另，总则部分条文主旨为编者所加，分则条文主旨是根据司法解释确定罪名所加。

第二百三十八条　【非法拘禁罪】非法拘禁他人或者以其他方法非法剥夺他人人身自由的，处三年以下有期徒刑、拘役、管制或者剥夺政治权利。具有殴打、侮辱情节的，从重处罚。

犯前款罪，致人重伤的，处三年以上十年以下有期徒刑；致人死亡的，处十年以上有期徒刑。使用暴力致人伤残、死亡的，依照本法第二百三十四条、第二百三十二条的规定定罪处罚。

为索取债务非法扣押、拘禁他人的，依照前两款的规定处罚。

国家机关工作人员利用职权犯前三款罪的，依照前三款的规定从重处罚。

……

第二百四十三条　【诬告陷害罪】捏造事实诬告陷害他人，意图使他人受刑事追究，情节严重的，处三年以下有期徒刑、拘役或者管制；造成严重后果的，处三年以上十年以下有期徒刑。

国家机关工作人员犯前款罪的，从重处罚。

不是有意诬陷，而是错告，或者检举失实的，不适用前两款的规定。

第二百四十四条　【强迫劳动罪】以暴力、威胁或者限制人身自由的方法强迫他人劳动的，处三年以下有期徒刑或者拘役，并处罚金；情节严重的，处三年以上十年以下有期徒刑，并处罚金。

明知他人实施前款行为，为其招募、运送人员或者有其他协助强迫他人劳动行为的，依照前款的规定处罚。

单位犯前两款罪的，对单位判处罚金，并对其直接负责的主管人员和其他直接责任人员，依照第一款的规定处罚。①

第二百四十四条之一　【雇用童工从事危重劳动罪】违反劳动管理法规，雇用未满十六周岁的未成年人从事超强度体力劳动的，或者从事高空、井下作业的，或者在爆炸性、易燃性、放射性、毒害性等危险环境下从事劳动，情节严重的，对直接责任人员，处三年以下有期徒刑或者拘役，并处罚金；情节特别严重的，处三年以上七年以下有期徒刑，并处罚金。

有前款行为，造成事故，又构成其他犯罪的，依照数罪并罚的规定处罚。②

第二百四十五条　【非法搜查罪】【非法侵入住宅罪】非法搜查他人身体、住宅，或者非法侵入他人住宅的，处三年以下有期徒刑或者拘役。

司法工作人员滥用职权，犯前款罪的，从重处罚。

第二百四十六条　【侮辱罪】【诽谤罪】以暴力或者其他方法公然侮辱

---

① 根据2011年2月25日《中华人民共和国刑法修正案（八）》修改。原条文为：“用人单位违反劳动管理法规，以限制人身自由方法强迫职工劳动，情节严重的，对直接责任人员，处三年以下有期徒刑或者拘役，并处或者单处罚金。”

② 根据2002年12月28日《中华人民共和国刑法修正案（四）》增加。

他人或者捏造事实诽谤他人，情节严重的，处三年以下有期徒刑、拘役、管制或者剥夺政治权利。

前款罪，告诉的才处理，但是严重危害社会秩序和国家利益的除外。

通过信息网络实施第一款规定的行为，被害人向人民法院告诉，但提供证据确有困难的，人民法院可以要求公安机关提供协助。①

……

第二百五十六条　【破坏选举罪】在选举各级人民代表大会代表和国家机关领导人员时，以暴力、威胁、欺骗、贿赂、伪造选举文件、虚报选举票数等手段破坏选举或者妨害选民和代表自由行使选举权和被选举权，情节严重的，处三年以下有期徒刑、拘役或者剥夺政治权利。

……

第二百六十条　【虐待罪】虐待家庭成员，情节恶劣的，处二年以下有期徒刑、拘役或者管制。

犯前款罪，致使被害人重伤、死亡的，处二年以上七年以下有期徒刑。

第一款罪，告诉的才处理，但被害人没有能力告诉，或者因受到强制、威吓无法告诉的除外。②

……

第二百六十一条　【遗弃罪】对于年老、年幼、患病或者其他没有独立生活能力的人，负有扶养义务而拒绝扶养，情节恶劣的，处五年以下有期徒刑、拘役或者管制。

……

第二百六十二条之一　【组织残疾人、儿童乞讨罪】以暴力、胁迫手段组织残疾人或者不满十四周岁的未成年人乞讨的，处三年以下有期徒刑或者拘役，并处罚金；情节严重的，处三年以上七年以下有期徒刑，并处罚金。③

……

第二百六十三条　【抢劫罪】以暴力、胁迫或者其他方法抢劫公私财物的，处三年以上十年以下有期徒刑，并处罚金；有下列情形之一的，处十年以上有期徒刑、无期徒刑或者死刑，并处罚金或者没收财产：

（一）入户抢劫的；

（二）在公共交通工具上抢劫的；

---

① 根据2015年8月29日《中华人民共和国刑法修正案（九）》增加一款，作为第三款。

② 根据2015年8月29日《中华人民共和国刑法修正案（九）》修改。原第三款条文为：“第一款罪，告诉的才处理。”

③ 根据2006年6月29日《中华人民共和国刑法修正案（六）》增加。

（三）抢劫银行或者其他金融机构的；

（四）多次抢劫或者抢劫数额巨大的；

（五）抢劫致人重伤、死亡的；

（六）冒充军警人员抢劫的；

（七）持枪抢劫的；

（八）抢劫军用物资或者抢险、救灾、救济物资的。

第二百六十四条　【盗窃罪】盗窃公私财物，数额较大的，或者多次盗窃、入户盗窃、携带凶器盗窃、扒窃的，处三年以下有期徒刑、拘役或者管制，并处或者单处罚金；数额巨大或者有其他严重情节的，处三年以上十年以下有期徒刑，并处罚金；数额特别巨大或者有其他特别严重情节的，处十年以上有期徒刑或者无期徒刑，并处罚金或者没收财产。①

第二百六十五条　【盗窃罪】以牟利为目的，盗接他人通信线路、复制他人电信码号或者明知是盗接、复制的电信设备、设施而使用的，依照本法第二百六十四条的规定定罪处罚。

第二百六十六条②　**【诈骗罪】**诈骗公私财物，数额较大的，处三年以下有期徒刑、拘役或者管制，并处或者单处罚金；数额巨大或者有其他严重情节的，处三年以上十年以下有期徒刑，并处罚金；数额特别巨大或者有其他特别严重情节的，处十年以上有期徒刑或者无期徒刑，并处罚金或者没收财产。本法另有规定的，依照规定。

第二百六十七条　【抢夺罪】抢夺公私财物，数额较大的，或者多次

---

① 根据2011年2月25日《中华人民共和国刑法修正案（八）》修改。原条文为："盗窃公私财物，数额较大或者多次盗窃的，处三年以下有期徒刑、拘役或者管制，并处或者单处罚金；数额巨大或者有其他严重情节的，处三年以上十年以下有期徒刑，并处罚金；数额特别巨大或者有其他特别严重情节的，处十年以上有期徒刑或者无期徒刑，并处罚金或者没收财产；有下列情形之一的，处无期徒刑或者死刑，并处没收财产：

"（一）盗窃金融机构，数额特别巨大的；

"（二）盗窃珍贵文物，情节严重的。"

② 根据2014年4月24日通过的《全国人民代表大会常务委员会关于〈中华人民共和国刑法〉第二百六十六条的解释》：

"全国人民代表大会常务委员会根据司法实践中遇到的情况，讨论了刑法第二百六十六条的含义及骗取养老、医疗、工伤、失业、生育等社会保险金或者其他社会保障待遇的行为如何适用刑法有关规定的问题，解释如下：

"以欺诈、伪造证明材料或者其他手段骗取养老、医疗、工伤、失业、生育等社会保险金或者其他社会保障待遇的，属于刑法第二百六十六条规定的诈骗公私财物的行为。"

抢夺的，处三年以下有期徒刑、拘役或者管制，并处或者单处罚金；数额巨大或者有其他严重情节的，处三年以上十年以下有期徒刑，并处罚金；数额特别巨大或者有其他特别严重情节的，处十年以上有期徒刑或者无期徒刑，并处罚金或者没收财产。①

携带凶器抢夺的，依照本法第二百六十三条的规定定罪处罚。

……

第二百七十四条　【敲诈勒索罪】敲诈勒索公私财物，数额较大或者多次敲诈勒索的，处三年以下有期徒刑、拘役或者管制，并处或者单处罚金；数额巨大或者有其他严重情节的，处三年以上十年以下有期徒刑，并处罚金；数额特别巨大或者有其他特别严重情节的，处十年以上有期徒刑，并处罚金。②

第二百七十五条　【故意毁坏财物罪】故意毁坏公私财物，数额较大或者有其他严重情节的，处三年以下有期徒刑、拘役或者罚金；数额巨大或者有其他特别严重情节的，处三年以上七年以下有期徒刑。

……

第二百八十五条　【非法侵入计算机信息系统罪】违反国家规定，侵入国家事务、国防建设、尖端科学技术领域的计算机信息系统的，处三年以下有期徒刑或者拘役。

【非法获取计算机信息系统数据、非法控制计算机信息系统罪】违反国家规定，侵入前款规定以外的计算机信息系统或者采用其他技术手段，获取该计算机信息系统中存储、处理或者传输的数据，或者对该计算机信息系统实施非法控制，情节严重的，处三年以下有期徒刑或者拘役，并处或者单处罚金；情节特别严重的，处三年以上七年以下有期徒刑，并处罚金。

【提供侵入、非法控制计算机信息系统程序、工具罪】提供专门用于侵入、非法控制计算机信息系统的程序、工具，或者明知他人实施侵入、非法控制计算机信息系统的违法犯罪行为而为其提供程序、工具，情节严重的，依照前款的规定处罚。

单位犯前三款罪的，对单位判处罚金，并对其直接负责的主管人员和其

---

① 根据2015年8月29日《中华人民共和国刑法修正案（九）》修改。原第一款条文为："抢夺公私财物，数额较大的，处三年以下有期徒刑、拘役或者管制，并处或者单处罚金；数额巨大或者有其他严重情节的，处三年以上十年以下有期徒刑，并处罚金；数额特别巨大或者有其他特别严重情节的，处十年以上有期徒刑或者无期徒刑，并处罚金或者没收财产。"

② 根据2011年2月25日《中华人民共和国刑法修正案（八）》修改。原条文为："敲诈勒索公私财物，数额较大的，处三年以下有期徒刑、拘役或者管制；数额巨大或者有其他严重情节的，处三年以上十年以下有期徒刑。"

他直接责任人员，依照各该款的规定处罚。①

第二百八十六条　【破坏计算机信息系统罪】违反国家规定，对计算机信息系统功能进行删除、修改、增加、干扰，造成计算机信息系统不能正常运行，后果严重的，处五年以下有期徒刑或者拘役；后果特别严重的，处五年以上有期徒刑。

违反国家规定，对计算机信息系统中存储、处理或者传输的数据和应用程序进行删除、修改、增加的操作，后果严重的，依照前款的规定处罚。

故意制作、传播计算机病毒等破坏性程序，影响计算机系统正常运行，后果严重的，依照第一款的规定处罚。

单位犯前三款罪的，对单位判处罚金，并对其直接负责的主管人员和其他直接责任人员，依照第一款的规定处罚。②

……

第二百九十条　【聚众扰乱社会秩序罪】聚众扰乱社会秩序，情节严重，致使工作、生产、营业和教学、科研、医疗无法进行，造成严重损失的，对首要分子，处三年以上七年以下有期徒刑；对其他积极参加的，处三年以下有期徒刑、拘役、管制或者剥夺政治权利。

【聚众冲击国家机关罪】聚众冲击国家机关，致使国家机关工作无法进行，造成严重损失的，对首要分子，处五年以上十年以下有期徒刑；对其他积极参加的，处五年以下有期徒刑、拘役、管制或者剥夺政治权利。

【扰乱国家机关工作秩序罪】多次扰乱国家机关工作秩序，经行政处罚后仍不改正，造成严重后果的，处三年以下有期徒刑、拘役或者管制。

【组织、资助非法聚集罪】多次组织、资助他人非法聚集，扰乱社会秩序，情节严重的，依照前款的规定处罚。③

第二百九十一条　【聚众扰乱公共场所秩序、交通秩序罪】聚众扰乱车站、码头、民用航空站、商场、公园、影剧院、展览会、运动场或者其他公共

---

① 根据2009年2月28日《中华人民共和国刑法修正案（七）》增加两款，作为第二款、第三款。根据2015年8月29日《中华人民共和国刑法修正案（九）》增加一款，作为第四款。

② 根据2015年8月29日《中华人民共和国刑法修正案（九）》增加一款，作为第四款。

③ 根据2015年8月29日《中华人民共和国刑法修正案（九）》修改。原第一款条文为：“聚众扰乱社会秩序，情节严重，致使工作、生产、营业和教学、科研无法进行，造成严重损失的，对首要分子，处三年以上七年以下有期徒刑；对其他积极参加的，处三年以下有期徒刑、拘役、管制或者剥夺政治权利。”增加二款，作为第三款、第四款。

场所秩序，聚众堵塞交通或者破坏交通秩序，抗拒、阻碍国家治安管理工作人员依法执行职务，情节严重的，对首要分子，处五年以下有期徒刑、拘役或者管制。

第二百九十一条之一　【投放虚假危险物质罪】【编造、故意传播虚假恐怖信息罪】投放虚假的爆炸性、毒害性、放射性、传染病病原体等物质，或者编造爆炸威胁、生化威胁、放射威胁等恐怖信息，或者明知是编造的恐怖信息而故意传播，严重扰乱社会秩序的，处五年以下有期徒刑、拘役或者管制；造成严重后果的，处五年以上有期徒刑。

【编造、故意传播虚假信息罪】编造虚假的险情、疫情、灾情、警情，在信息网络或者其他媒体上传播，或者明知是上述虚假信息，故意在信息网络或者其他媒体上传播，严重扰乱社会秩序的，处三年以下有期徒刑、拘役或者管制；造成严重后果的，处三年以上七年以下有期徒刑。①

第二百九十一条之二　【高空抛物罪】从建筑物或者其他高空抛掷物品，情节严重的，处一年以下有期徒刑、拘役或者管制，并处或者单处罚金。

有前款行为，同时构成其他犯罪的，依照处罚较重的规定定罪处罚。②

……

第三百条　【组织、利用会道门、邪教组织、利用迷信破坏法律实施罪】组织、利用会道门、邪教组织或者利用迷信破坏国家法律、行政法规实施的，处三年以上七年以下有期徒刑，并处罚金；情节特别严重的，处七年以上有期徒刑或者无期徒刑，并处罚金或者没收财产；情节较轻的，处三年以下有期徒刑、拘役、管制或者剥夺政治权利，并处或者单处罚金。

【组织、利用会道门、邪教组织、利用迷信致人重伤、死亡罪】组织、利用会道门、邪教组织或者利用迷信蒙骗他人，致人重伤、死亡的，依照前款的规定处罚。

犯第一款罪又有奸淫妇女、诈骗财物等犯罪行为的，依照数罪并罚的规定处罚。③

---

① 根据2001年12月29日《中华人民共和国刑法修正案（三）》增加。根据2015年8月29日《中华人民共和国刑法修正案（九）》增加一款，作为第二款。

② 根据2020年12月26日《中华人民共和国刑法修正案（十一）》增加。

③ 根据2015年8月29日《中华人民共和国刑法修正案（九）》修改。原条文为：“组织和利用会道门、邪教组织或者利用迷信破坏国家法律、行政法规实施的，处三年以上七年以下有期徒刑；情节特别严重的，处七年以上有期徒刑。

“组织和利用会道门、邪教组织或者利用迷信蒙骗他人，致人死亡的，依照前款的规定处罚。

“组织和利用会道门、邪教组织或者利用迷信奸淫妇女、诈骗财物的，分别依照本法第二百三十六条、第二百六十六条的规定定罪处罚。”

……

第三百零三条　【赌博罪】以营利为目的，聚众赌博或者以赌博为业的，处三年以下有期徒刑、拘役或者管制，并处罚金。

【开设赌场罪】开设赌场的，处五年以下有期徒刑、拘役或者管制，并处罚金；情节严重的，处五年以上十年以下有期徒刑，并处罚金。

组织中华人民共和国公民参与国（境）外赌博，数额巨大或者有其他严重情节的，依照前款的规定处罚。①

……

第三百一十八条　【组织他人偷越国（边）境罪】组织他人偷越国（边）境的，处二年以上七年以下有期徒刑，并处罚金；有下列情形之一的，处七年以上有期徒刑或者无期徒刑，并处罚金或者没收财产：

（一）组织他人偷越国（边）境集团的首要分子；

（二）多次组织他人偷越国（边）境或者组织他人偷越国（边）境人数众多的；

（三）造成被组织人重伤、死亡的；

（四）剥夺或者限制被组织人人身自由的；

（五）以暴力、威胁方法抗拒检查的；

（六）违法所得数额巨大的；

（七）有其他特别严重情节的。

犯前款罪，对被组织人有杀害、伤害、强奸、拐卖等犯罪行为，或者对检查人员有杀害、伤害等犯罪行为的，依照数罪并罚的规定处罚。

……

第三百二十一条　【运送他人偷越国（边）境罪】运送他人偷越国（边）境的，处五年以下有期徒刑、拘役或者管制，并处罚金；有下列情形之一的，处五年以上十年以下有期徒刑，并处罚金：

（一）多次实施运送行为或者运送人数众多的；

（二）所使用的船只、车辆等交通工具不具备必要的安全条件，足以造

---

① 根据2006年6月29日《中华人民共和国刑法修正案（六）》第一次修改。原条文为："以营利为目的，聚众赌博、开设赌场或者以赌博为业的，处三年以下有期徒刑、拘役或者管制，并处罚金。"

根据2020年12月26日《中华人民共和国刑法修正案（十一）》第二次修改。原条文为："以营利为目的，聚众赌博或者以赌博为业的，处三年以下有期徒刑、拘役或者管制，并处罚金。

"开设赌场的，处三年以下有期徒刑、拘役或者管制，并处罚金；情节严重的，处三年以上十年以下有期徒刑，并处罚金。"

成严重后果的；

（三）违法所得数额巨大的；

（四）有其他特别严重情节的。

在运送他人偷越国（边）境中造成被运送人重伤、死亡，或者以暴力、威胁方法抗拒检查的，处七年以上有期徒刑，并处罚金。

犯前两款罪，对被运送人有杀害、伤害、强奸、拐卖等犯罪行为，或者对检查人员有杀害、伤害等犯罪行为的，依照数罪并罚的规定处罚。

……

第三百五十八条　【组织卖淫罪】【强迫卖淫罪】组织、强迫他人卖淫的，处五年以上十年以下有期徒刑，并处罚金；情节严重的，处十年以上有期徒刑或者无期徒刑，并处罚金或者没收财产。

组织、强迫未成年人卖淫的，依照前款的规定从重处罚。

犯前两款罪，并有杀害、伤害、强奸、绑架等犯罪行为的，依照数罪并罚的规定处罚。

【协助组织卖淫罪】为组织卖淫的人招募、运送人员或者有其他协助组织他人卖淫行为的，处五年以下有期徒刑，并处罚金；情节严重的，处五年以上十年以下有期徒刑，并处罚金。①

第三百五十九条　【引诱、容留、介绍卖淫罪】引诱、容留、介绍他人卖淫的，处五年以下有期徒刑、拘役或者管制，并处罚金；情节严重的，处五年以上有期徒刑，并处罚金。

---

① 根据2011年2月25日《中华人民共和国刑法修正案（八）》第一次修改。原第三款条文为："协助组织他人卖淫的，处五年以下有期徒刑，并处罚金；情节严重的，处五年以上十年以下有期徒刑，并处罚金。"

根据2015年8月29日《中华人民共和国刑法修正案（九）》第二次修改。原条文为："组织他人卖淫或者强迫他人卖淫的，处五年以上十年以下有期徒刑，并处罚金；有下列情形之一的，处十年以上有期徒刑或者无期徒刑，并处罚金或者没收财产：

"（一）组织他人卖淫，情节严重的；

"（二）强迫不满十四周岁的幼女卖淫的；

"（三）强迫多人卖淫或者多次强迫他人卖淫的；

"（四）强奸后迫使卖淫的；

"（五）造成被强迫卖淫的人重伤、死亡或者其他严重后果的。

"有前款所列情形之一，情节特别严重的，处无期徒刑或者死刑，并处没收财产。

"为组织卖淫的人招募、运送人员或者有其他协助组织他人卖淫行为的，处五年以下有期徒刑，并处罚金；情节严重的，处五年以上十年以下有期徒刑，并处罚金。"

【引诱幼女卖淫罪】引诱不满十四周岁的幼女卖淫的，处五年以上有期徒刑，并处罚金。

……

第三百六十三条　【制作、复制、出版、贩卖、传播淫秽物品牟利罪】以牟利为目的，制作、复制、出版、贩卖、传播淫秽物品的，处三年以下有期徒刑、拘役或者管制，并处罚金；情节严重的，处三年以上十年以下有期徒刑，并处罚金；情节特别严重的，处十年以上有期徒刑或者无期徒刑，并处罚金或者没收财产。

【为他人提供书号出版淫秽书刊罪】为他人提供书号，出版淫秽书刊的，处三年以下有期徒刑、拘役或者管制，并处或者单处罚金；明知他人用于出版淫秽书刊而提供书号的，依照前款的规定处罚。

第三百六十四条　【传播淫秽物品罪】传播淫秽的书刊、影片、音像、图片或者其他淫秽物品，情节严重的，处二年以下有期徒刑、拘役或者管制。

【组织播放淫秽音像制品罪】组织播放淫秽的电影、录像等音像制品的，处三年以下有期徒刑、拘役或者管制，并处罚金；情节严重的，处三年以上十年以下有期徒刑，并处罚金。

制作、复制淫秽的电影、录像等音像制品组织播放的，依照第二款的规定从重处罚。

向不满十八周岁的未成年人传播淫秽物品的，从重处罚。

第三百六十五条　【组织淫秽表演罪】组织进行淫秽表演的，处三年以下有期徒刑、拘役或者管制，并处罚金；情节严重的，处三年以上十年以下有期徒刑，并处罚金。

第三百六十六条　【单位犯本节罪的处罚】单位犯本节第三百六十三条、第三百六十四条、第三百六十五条规定之罪的，对单位判处罚金，并对其直接负责的主管人员和其他直接责任人员，依照各该条的规定处罚。

第三百六十七条　【淫秽物品的界定】本法所称淫秽物品，是指具体描绘性行为或者露骨宣扬色情的诲淫性的书刊、影片、录像带、录音带、图片及其他淫秽物品。

有关人体生理、医学知识的科学著作不是淫秽物品。

包含有色情内容的有艺术价值的文学、艺术作品不视为淫秽物品。

……

实用附录：办理治安案件参考流程图

图1：询问查证（传唤）

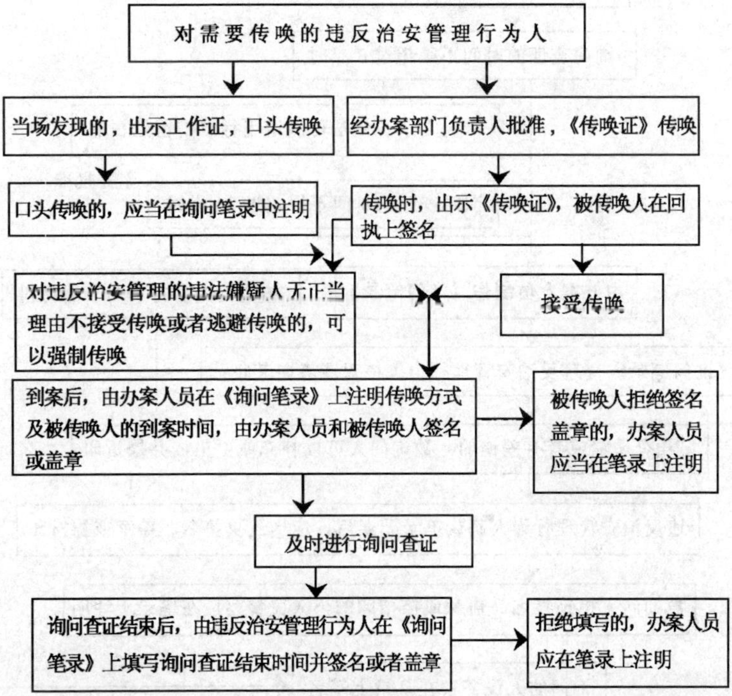

对需要传唤的违反治安管理行为人

当场发现的，出示工作证，口头传唤

经办案部门负责人批准，《传唤证》传唤

口头传唤的，应当在询问笔录中注明

传唤时，出示《传唤证》，被传唤人在回执上签名

对违反治安管理的违法嫌疑人无正当理由不接受传唤或者逃避传唤的，可以强制传唤

接受传唤

到案后，由办案人员在《询问笔录》上注明传唤方式及被传唤人的到案时间，由办案人员和被传唤人签名或盖章

被传唤人拒绝签名盖章的，办案人员应当在笔录上注明

及时进行询问查证

询问查证结束后，由违反治安管理行为人在《询问笔录》上填写询问查证结束时间并签名或者盖章

拒绝填写的，办案人员应在笔录上注明

图2：询问违反治安管理行为人

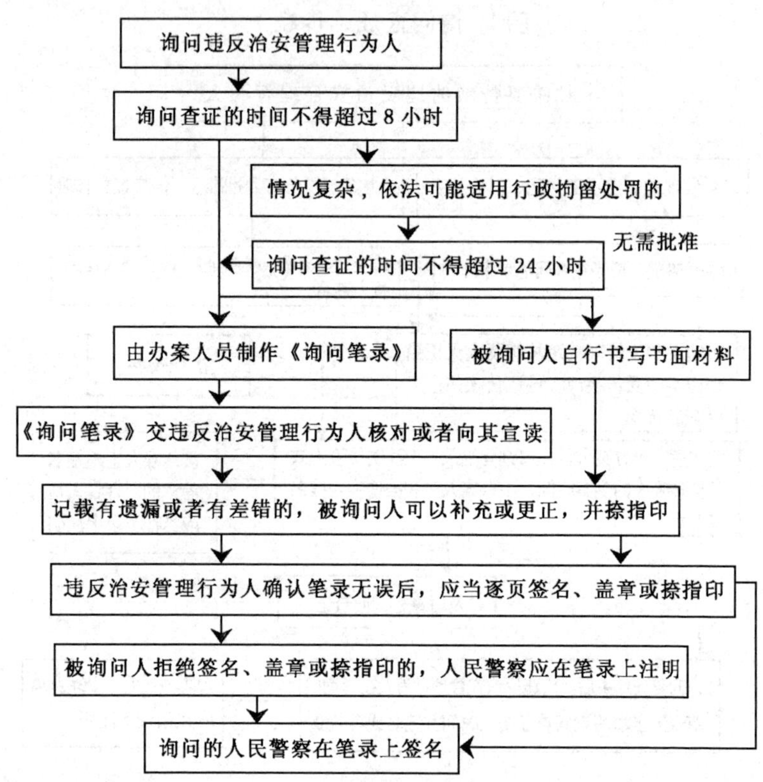

图 3: 听证的告知、申请和受理

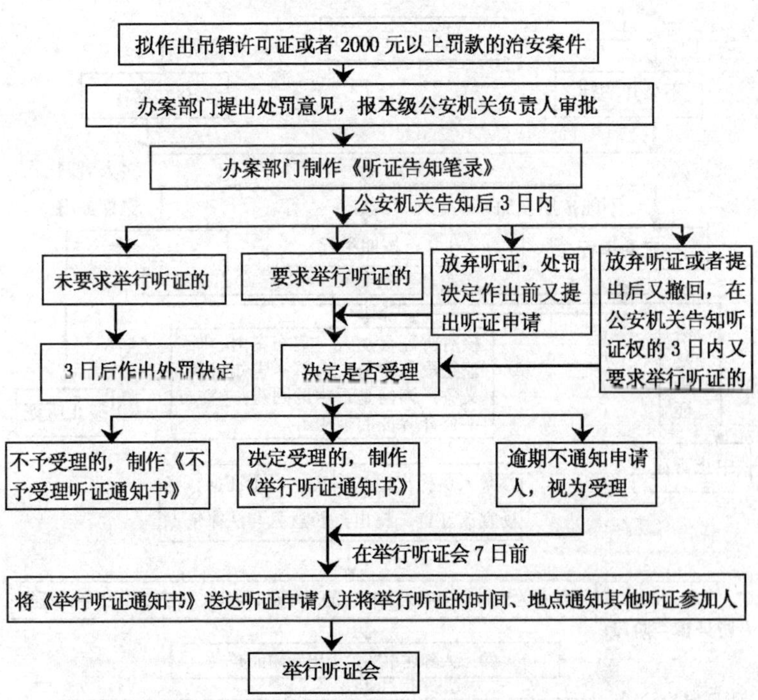

图 4：听证的举行

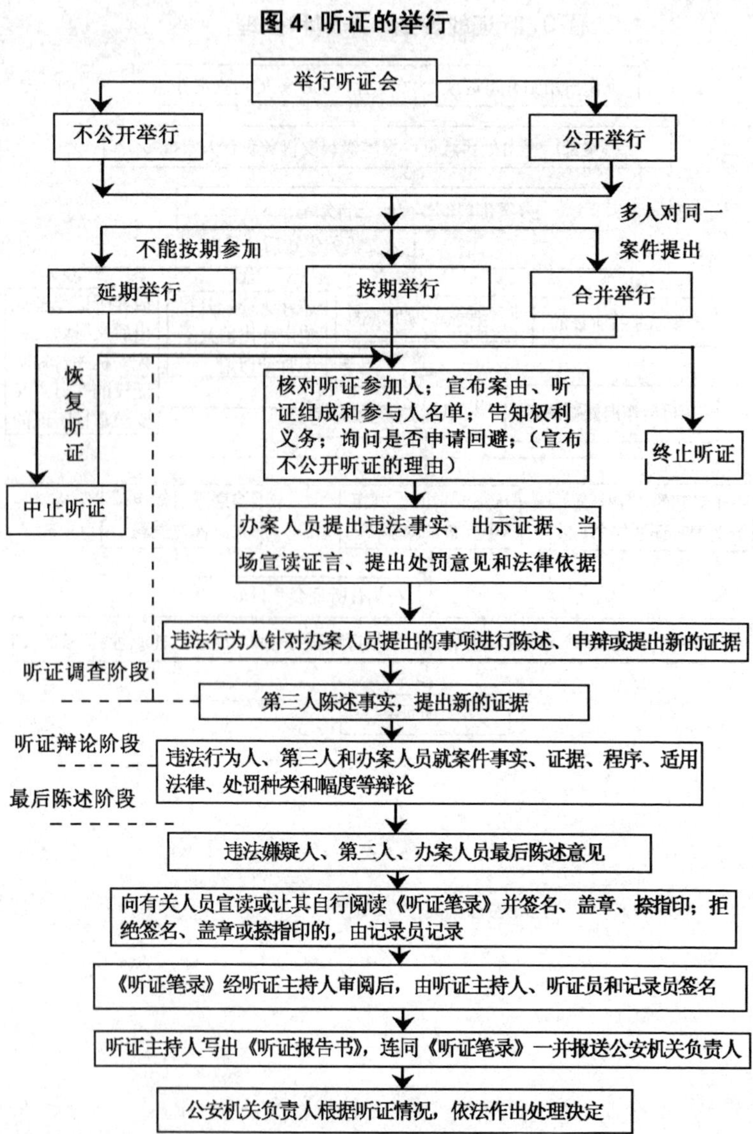

举行听证会
不公开举行
公开举行
多人对同一
案件提出
不能按期参加
延期举行
按期举行
合并举行
恢复听证
核对听证参加人；宣布案由、听证组成和参与人名单；告知权利义务；询问是否申请回避；（宣布不公开听证的理由）
终止听证
中止听证
办案人员提出违法事实、出示证据、当场宣读证言、提出处罚意见和法律依据
违法行为人针对办案人员提出的事项进行陈述、申辩或提出新的证据
听证调查阶段
第三人陈述事实，提出新的证据
听证辩论阶段
违法行为人、第三人和办案人员就案件事实、证据、程序、适用法律、处罚种类和幅度等辩论
最后陈述阶段
违法嫌疑人、第三人、办案人员最后陈述意见
向有关人员宣读或让其自行阅读《听证笔录》并签名、盖章、捺指印；拒绝签名、盖章或捺指印的，由记录员记录
《听证笔录》经听证主持人审阅后，由听证主持人、听证员和记录员签名
听证主持人写出《听证报告书》，连同《听证笔录》一并报送公安机关负责人
公安机关负责人根据听证情况，依法作出处理决定

图5：行政拘留

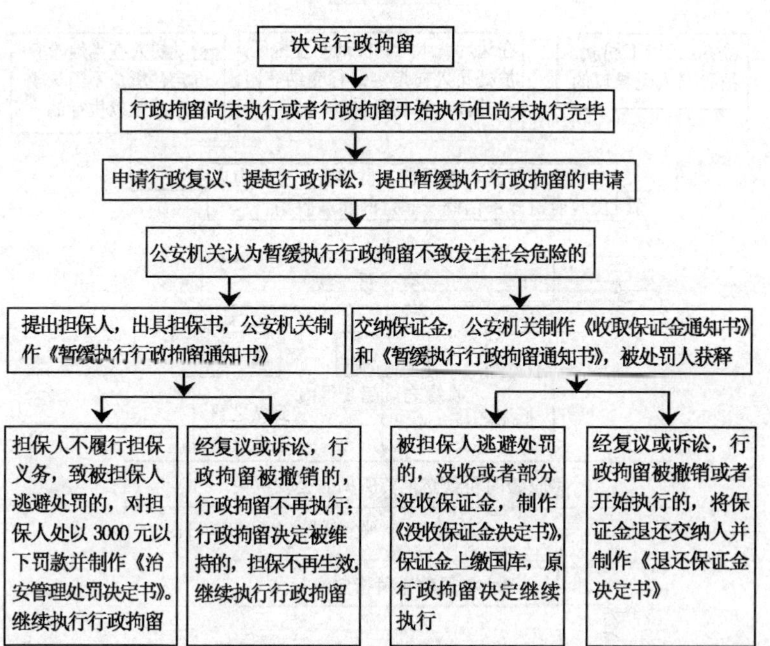

决定行政拘留
行政拘留尚未执行或者行政拘留开始执行但尚未执行完毕
申请行政复议、提起行政诉讼，提出暂缓执行行政拘留的申请
公安机关认为暂缓执行行政拘留不致发生社会危险的
提出担保人，出具担保书，公安机关制作《暂缓执行行政拘留通知书》
交纳保证金，公安机关制作《收取保证金通知书》和《暂缓执行行政拘留通知书》，被处罚人获释
担保人不履行担保义务，致被担保人逃避处罚的，对担保人处以3000元以下罚款并制作《治安管理处罚决定书》。继续执行行政拘留
经复议或诉讼，行政拘留被撤销的，行政拘留不再执行；行政拘留决定被维持的，担保不再生效，继续执行行政拘留
被担保人逃避处罚的，没收或者部分没收保证金，制作《没收保证金决定书》，保证金上缴国库，原行政拘留决定继续执行
经复议或诉讼，行政拘留被撤销或者开始执行的，将保证金退还交纳人并制作《退还保证金决定书》

图6：当场收缴罚款

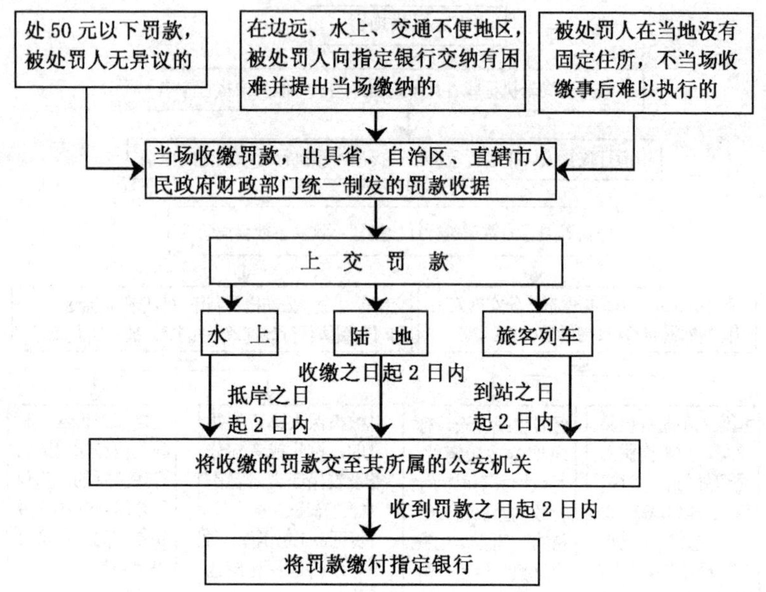

处50元以下罚款，被处罚人无异议的
在边远、水上、交通不便地区，被处罚人向指定银行交纳有困难并提出当场缴纳的
被处罚人在当地没有固定住所，不当场收缴事后难以执行的
当场收缴罚款，出具省、自治区、直辖市人民政府财政部门统一制发的罚款收据
上 交 罚 款
水 上
陆 地
旅客列车
抵岸之日起2日内
收缴之日起2日内
到站之日起2日内
将收缴的罚款交至其所属的公安机关
收到罚款之日起2日内
将罚款缴付指定银行

图书在版编目（CIP）数据

中华人民共和国治安管理处罚法：实用版／中国法制出版社编．—2版．—北京：中国法制出版社，2017.2
（2024.7重印）

ISBN 978－7－5093－8282－0

Ⅰ．①中… Ⅱ．①中… Ⅲ．①治安管理－行政处罚法－中国 Ⅳ．①D922.14

中国版本图书馆CIP数据核字（2017）第037735号

责任编辑：刘晓霞　　封面设计：杨泽江

中华人民共和国治安管理处罚法（实用版）

ZHONGHUA RENMIN GONGHEGUO ZHIAN GUANLI CHUFAFA（SHIYONGBAN）

经销/新华书店

印刷/保定市中画美凯印刷有限公司

开本/850毫米×1168毫米　32开　　印张/6.75　字数/179千

版次/2017年3月第5版　　2024年7月第20次印刷

中国法制出版社出版

书号 ISBN 978－7－5093－8282－0　　定价：18.00元

北京市西城区西便门西里甲16号西便门办公区

邮政编码：100053　　传真：010－63141600

网址：http：//www.zgfzs.com　　编辑部电话：010－63141664

市场营销部电话：010－63141612　　印务部电话：010－63141606

（如有印装质量问题，请与本社印务部联系。）